LADISLAUS BOROS

PHASEN
DES LEBENS

WALTER-VERLAG

OLTEN UND FREIBURG IM BREISGAU

ISBN 3-530-09508-7

INHALT

EINLEITUNG

Etwas soll sich in dieser Schrift finden, das ich als
«Rückbesinnung» bezeichnen möchte. In verschiedenen Schriften versuchte ich eine Erhellung
des menschlichen Todes vom Leben her. Nach und
nach bin ich aber darauf gekommen – und Freunde
haben mich dabei unterstützt –, daß man die
gleiche Überlegung auch umgekehrt darstellen
könnte: Das Leben vom Tode her erhellen. Leider
stoße ich dabei in Neuland vor. Ich muß den Leser
bitten, die nachfolgenden Gedanken als Hypothese zu betrachten, das heißt, als einen Versuch,
den man genau überprüfen und dessen Argumente
auf ihren Wahrheitsgehalt hin befragen muß. Da
aber in der gegenwärtigen Literatur wenig vorhanden ist, das dem Thema dieser Schrift ent-
spricht, muß ich leider auf Anmerkungen und
Hinweise weitgehend verzichten.
Schon Sören Kierkegaard hat eingehend formuliert, daß zwischen den einzelnen Phasen des Lebens jeweils eine Krise steht, die durch einen

«Sprung» auf eine höhere Ebene überwunden werden soll. Diese Erkenntnis wurde dann durch Romano Guardini noch eingehender erarbeitet. In meiner Schrift soll aber ein weiterer Schritt gewagt und die Frage gestellt werden: Weshalb entstehen immer wieder Krisen in der menschlichen Existenz? Meine Antwort wäre: Weil der Tod sich in ihr immer wieder und auf immer verschiedene Art «verdichtet».

In meinen früheren Schriften wurde eine philosophisch-theologische Hypothese aufgestellt: Im Tode eröffnet sich die Möglichkeit zum ersten vollpersonalen Akt des Menschen. Somit wäre der Tod der bevorzugte Ort der Bewußtwerdung, der Freiheit, der Christusbegegnung und der Entscheidung über das ewige Schicksal. Welche Schlußfolgerungen sich aus dieser Hypothese ergeben, mag der Leser selber nachprüfen. Betrachtet man im Lichte dieser Hypothese die einzelnen Themen der christlichen Verkündigung, so ergeben sich Folgerungen, die uns zum radikalen Nachdenken veranlassen:

Die Allgemeinheit und die Allzugänglichkeit der Erlösung wird erklärt; der personale Charakter des Heils wird herausgestellt; die Größe und die Zurückhaltung Gottes werden vor Augen geführt; Christi Todesleiden bekommt eine tiefe biblische Dimension. Bis hinein in die Sakramentenlehre: Sakramente als Stellen der Christusbegegnung und Tod als «die» Christusbegegnung. Bis in die Moral hinein: Begriff von «Todsünde», Bedeutung der Institutionen. Ja, bis in die christliche Spiritualität: Leben als Einübung in den Tod.

Mögen einige Schlußfolgerungen als «zu gewagt» erscheinen, so muß ich dennoch darauf hinweisen, daß ich diese Gedanken stets nur als Hypothese dargestellt habe. Von niemandem kann ich deshalb verlangen, daß er meine Überlegungen nachvollziehe. Meine Arbeit war nur die Suche nach einer «möglichen Erklärung», die mir persönlich zwar sehr plausibel erscheint, von der ich aber mit gutem Gewissen nicht behaupten darf, sie gehöre zum eigentlichen «Glaubensgut» der Kirche. Sie erklärt es zwar und bietet einen neuen Zugang zu ihm, jedoch darf sie nicht als verbindliche Auslegung des Glaubensgutes gelten. In meinen Büchern sprach stets nur die «suchende Kirche», die sich aber genau von der «lehrenden Kirche» abzugrenzen weiß. Auch diese Schrift möchte in diesem Sinne verstanden werden.

Wenn es aber so ist, daß im Tod sich das ganze menschliche Leben sammelt, sich in ihm aufgipfelt, dann müßten wir auch sagen, daß der Tod bereits im Leben, ja auch in den einzelnen Phasen des Lebens «da» ist. Auf welche Weise dies geschieht, das herauszufinden wird die Aufgabe dieser Schrift sein. Noch eine Einschränkung: Der Leser wird verstehen, daß ich mich zu vielen fachwissenschaftlichen Fragen nicht äußern kann. Da möge er sich in der einschlägigen Fachliteratur genauer informieren. Ich habe mich zwar genau belehren lassen, das entbindet den Leser nicht, sich ein eigenes Bild zu verschaffen.

Vor etwas muß ich den Leser allerdings warnen: Diese Schrift wird keine leichte Lektüre sein. Wohl habe ich versucht, mich möglichst «verständlich» auszudrücken, aber die Bemühung, das Dargelegte persönlich nachzuvollziehen, kann ich ihm nicht ersparen. Ich glaube aber, daß meine Leser das von mir auch nicht erwarten. Schließlich noch ein kleiner, nicht unwesentlicher Hinweis: Ich habe dieses Buch in großer Freude geschrieben. Der Leser möge sie, so hoffe ich, nachempfinden.

Cham, Herbst 1974   *Ladislaus Boros*

WERDEN

Das Leben reicht weit zurück in die Vergangenheit. In einer für uns gedanklich noch nicht ganz nachvollziehbaren Weise ist der Mensch «hineingewiesen» in die Welt. Diese Tatsache hat zwei Komponenten, denen ich hier kurz nachgehen möchte.

Einerseits ist die Welt für den Menschen nicht etwas «Vorhandenes». Der Mensch ist hineingesenkt in eine Familiengemeinschaft. Diese ist ihrerseits hineingebunden in eine geschichtliche Kultureinheit. Diese größere Einheit ist wiederum hineingestellt in die Entwicklung der Menschheit. Die Geschichte der Menschheit ist mindestens auf eine Jahrmillion zu beziffern. Sie steht ihrerseits in einer entwicklungsgeschichtlichen Verbundenheit mit dem vormenschlichen Leben, das wohl zwei Milliarden Jahre zurückreicht. Das Leben seinerseits wurde ermöglicht durch die Entstehung der Planeten, deren Herausformung die ganze Entfaltung des Alls voraussetzt. So steht der Mensch mit all seiner Beengung und Not an der Spitze des Universums. Dies denken zu dürfen ist nicht nur tröstlich. Es ist für uns ein hartes «Muß», etwas, wofür oder wogegen wir nichts können. Das Leben ist uns «zugefallen». Man darf aber dabei auch an Folgendes denken: Bin ich, als «dieser Mensch», Ereignis eines Zufalles? Es ist wohl unsere Pflicht, uns auch mit diesem Gedanken zu konfrontieren. Es wäre nützlich, innerlich zu erfahren, wie dieses «Ich» wirklich ein «Produkt» ist, das aus Milliarden von Zufälligkeiten entstanden ist. Dies sollte uns Christen noch mehr zur Demut und zur Ehrlichkeit zwingen.

Andererseits aber muß man auch sagen: Der Mensch ist dennoch «er selbst», und zwar unverwechselbar. Er steht als «Einzelner» im Leben. Er ist nicht nur ein «Produkt» der Welt, sondern muß sich selbst vor diesem Leben verantworten. Niemand darf ihm diese Verantwortung nehmen. Nicht sein Freund, nicht sein Ehepartner, nicht sein Priester, nicht sein Bischof und schließlich auch nicht der Papst. Ich möchte diesen Gedanken ehrlich zu Ende führen: nicht einmal Gott. Diese Aussage ist keineswegs als Abschätzung Gottes zu verstehen. Ganz im Gegenteil. Gerade durch sie wird deutlich, daß Gott als der Vornehmste in der Welt waltet, daß er unsere Freiheit und Individualität respektiert. Was dies besagt, können wir an den Forderungen Christi ablesen, die uns manchmal so unerfüllbar scheinen. Christus achtet uns als Du. Deshalb müssen wir auch unser Ich in die Hand nehmen. In solcher Spannung lebt der einzelne Mensch. Er darf sich als Produkt des Weltalls betrachten, andererseits muß er sich seiner eigenen Verantwortung bewußt sein.

Zwar ist es noch ein wenig früh, jetzt schon den Gedanken an den Tod einzuschalten. Doch wage ich es, weil ich den Leser Schritt für Schritt in meine Hypothese einführen möchte. Ist nicht bereits hier eine Andeutung vom Tod vorhanden? Besagt diese Grundspannung (aus der Welt hervorgegangen zu einem Leben, das man persönlich bewältigen soll) nicht, daß der ganze Mensch einmal die Möglichkeit erhalten sollte, sich völlig «freizukämpfen», sich ganzheitlich zum Ich zu gestalten? Das Menschenwesen wurde zwar von der Welt erschaffen. Sein Ich sollte aber der Mensch frei gestalten. Genauer ausgedrückt: Der Mensch steigt zwar aus der Welt empor, ist selber aber nicht die Welt. Trotz seiner Weltverbundenheit trägt er etwas in sich, das mehr ist als die ganze Welt. Dieses «Mehr» menschlichen Lebens genauer zu sehen, wird die wichtigste Aufgabe dieser Schrift sein.

Den Vorgang zu beschreiben, wie das neue Leben konkret entsteht, ist nicht das Ziel dieses Buches. Ich möchte jedoch einen zweifachen Gedanken hervorheben und kurz über die Mutter und über das werdende Kind reflektieren.

Die Mutter

In ihr geht eine seltsame Veränderung vor sich, Leibliches und Seelisches fliessen ineinander. Nach und nach bemerkt sie, daß in ihr «Etwas» wächst. Sie wird auch dessen inne, daß sie dieses «Heranwachsende» behüten soll. Ängste und Glück befallen sie. Angst: Kann ich ein neues Leben hervorbringen? Wird dieses neue Leben, das mein Kind sein soll, so, wie es sein muß? Möglicherweise zugleich das Glück: Endlich hat mein Leben einen neuen Sinn! Endlich werden wir zu dritt leben! Von dieser Angst und von diesem Glück her ist sie in sich selbst verwirrt. Der Mann sollte versuchen, dies gut zu verstehen. Für ihn war bis jetzt alles leicht. Die Frau muß aber all das «austragen», und zwar nicht nur leiblich, sondern auch seelisch. Aus diesem Grunde ist dem Mann große Achtung geboten vor der Frau, auch vor dem Leib der Frau. Jeglicher Leib ist auf die Auferstehung hin erschaffen. Niemals vorher wurde der Leib so verehrt wie im christlichen Glauben. Paulus sagte sogar, daß der Heilige Geist in unsere Herzen ausgegossen ist und daß unser Leib (bitte beachten Sie die Nuance: nicht unser Geist) ein Tempel des Heiligen Geistes sei. All das ist nicht bloß «fromm» gedacht, sondern gehört zum Wesen unseres Glaubens. Wenn wir in unserem Glauben ehrlich sind, werden wir den Frauen in dieser Gesinnung begegnen.

Das werdende Kind

Das Kind ist dem Gutdünken der Eltern, vor allem aber der Mutter ausgeliefert. Es ist einfach der Existenz der Mutter preisgegeben: Ihrer Ernährung, ihrer physiologischen Verfassung, ihren psychologischen Komponenten, ihrer Ruhe oder Aufregung, ihrem Schlaf oder ihrer Schlaflosigkeit, ihrer Freude oder Angst. Nach und nach entfaltet sich das Kind. Es regt sich im Leibe der

Mutter. Die ersten Wahrnehmungen einer schützenden Umwelt stellen sich ein. Bereits bei solch flüchtiger Betrachtung können wir ermessen, in welcher Art das Kind im Mutterschoß «auf verlorenem Posten» steht, wie zart, wie gefährdet es ist. Kurz: Wie radikal dem Tode ausgeliefert.

Es sei hier über eine Hypothese des Basler Zoologen und Anthropologen Professor Adolf Portmann berichtet, die uns bei unseren Überlegungen sehr dienlich ist. Adolf Portmann hat mehrfach den folgenden Gedanken geäußert: Unter den neugeborenen Tieren muß man zwischen «Nesthockern» und «Nestflüchtern» unterscheiden. Der «Nesthocker» ist jenes Tier, das nach seiner biologischen Geburt noch lange «lebensunfähig» ist und von den Eltern betreut werden muß. Ein großer Unterschied besteht zu den «Nestflüchtern», zum Beispiel zur wachen Regsamkeit des neugeborenen Elefanten, des Kälbchens, der Giraffe, die in den ersten Stunden bereits stehen und sogleich der Herde folgen können. Im allgemeinen sind die neugeborenen Primaten «Nestflüchter». Eine einzige Ausnahme ist der Mensch. Zwar ist der Mensch auch «Nestflüchter», der aber nicht «flüchten» kann. Somit ist er zugleich ein «Nesthocker»,

aber mit den offenen, wachen Sinnesorganen eines
«Nestflüchters».

Professor Portmann definiert den Menschen als
«hilflosen Nestflüchter». Verglichen mit den ähnlich hochentwickelten Säugetieren müßte man für
das neugeborene Menschenkind eine viel höhere
Entwicklungsstufe fordern. Für dieses «theoretische Entwicklungsstadium» sollte man etwa ein
Jahr nach der biologischen Geburt annehmen. Erst
nach einem Jahr erlangt der Mensch jenen Ausbildungsgrad, den er eigentlich zur Zeit der Geburt
erreicht haben sollte. Würde dieser Zustand beim
Menschen auf echte Säugetierweise gebildet, so
müßte die menschliche Schwangerschaft etwa ein
Jahr länger als tatsächlich dauern. Grob gerechnet
würde sie etwa einundzwanzig Monate betragen.
Sie beträgt aber nur deren neun. Adolf Portmann
folgert daraus, daß der Mensch rein «biologisch»
gar nicht geboren werden kann. Erst aus dem
«Schoße der Familie» geschieht menschliche Geburt. Das Jahr nach der rein biologischen Geburt
nennt Professor Portmann das «extrauterine Frühjahr».

Diese ganz neue Auffassung von der Geburt entwertet keineswegs die Rolle der Frau bei der Hervorbringung neuen menschlichen Lebens. Sie zeigt aber, daß sich die «menschliche Geburt» viel differenzierter vollzieht, als man allgemein annimmt. Die ganze Familie, also auch der Vater und die Geschwister, auch die seelischen Komponenten der Familie, ihr inneres Verhalten, ihr soziologischer Zustand werden in den Prozeß der menschlichen Geburt miteinbezogen. Aus dieser Einsicht müßten wir einige Schlußfolgerungen ziehen, die sehr weit reichen. Es sind deren vier:

Erstens: In einer Frage, die heute wiederum sehr viel diskutiert wird, in der Frage des *Schwangerschaftsabbruchs* möchte ich nichts Neues sagen. Dürfte ich dennoch mich zu diesem Thema äußern, so müßte ich ein Zweifaches bemerken.

Zuerst: Für einen Christen kommt die direkte Tötung des Lebens gar nicht in Frage. Das Problem, worüber man so viel Worte verliert, «wann» das menschliche Leben eigentlich beginnt, ist hierbei gar nicht maßgebend. Schon von den ersten Anfängen an ist eine «Dynamik» auf das menschliche Leben hin gegeben. Diese Dynamik abzubrechen, ist sicherlich ethisch nicht gut und auch nicht gottgewollt. Ich spreche – wohlgemerkt – hier keineswegs von Sünde. Lediglich sage ich: ethisch nicht gut und nicht gottgewollt. Es mögen freilich dabei seelische Verwicklungen vorhanden sein, die Angst und die Not der Mutter. Da dürfen wir nicht urteilen. Im Gegenteil: Wir sollten eher über uns selbst urteilen, die wir nicht eine Gesellschaft zu schaffen vermochten, in der es (zum Beispiel) einer ledigen Mutter oder einer armen Familie leicht gemacht ist, das gezeugte Kind anzunehmen. Gott wird sicherlich eine verzweifelte Mutter nicht verurteilen. Er weiß gut um unsere menschliche Situation. Und: Er ist ein großer Herr.

Dann: Persönlich halte ich eine theologisch-moralische Beweisführung für politische Entscheide nicht nur für unklug, sondern auch für theologisch falsch. Unklug zuerst: Wenn ein Vergehen vom Staat her nicht bestraft wird, bedeutet diese Straffreiheit noch lange nicht, daß dem Vergehen freier Lauf gegeben wird. Auch das Lügen ist einem Christen nicht erlaubt, obwohl der Staat das Lügen gewöhnlich keiner Strafverfolgung aussetzt. Vom christlichen Glauben her ist es niemandem erlaubt, eine direkte Abtreibung vorzunehmen, selbst wenn diese Tat vom Staat nicht verfolgt wird. Dies ist zwar ein einfacher Gedankengang, er würde aber Klarheit in die gegenwärtige Diskussion bringen. – Dann ist es aber auch theologisch falsch: Jesus Christus hat sich nie in die Politik eingemischt. Die Revolution, die er brachte, war eine solche von innen her. Sie richtete sich nicht auf bestehende staatliche Institutionen. Dem Sünder gegenüber war Christus sehr nachsichtig. Er wußte, was im Menschenherzen vor sich geht. Seine Wahrheit war nicht ein «Stock», womit man auf Menschen «einhauen» kann. Jesus war ein sehr zurückhaltender Mensch. Er hat sich nirgends aufgedrängt. Wir würden also nicht in seinem Sinne handeln, wenn wir «unsere Wahrheit» Menschen aufdrängten, die sie vor ihren Gewissen nicht nachvollziehen können. Das wäre einfach nicht christlich, weil der Gesinnung Christi nicht entsprechend. Das bedeutet aber keineswegs, daß die Christen in einer demokratischen Befragung ihren Standpunkt nicht mit aller Entschiedenheit vertreten dürften. Diese Überlegungen gehörten zwar nicht unmittelbar zur Thematik dieser Schrift. Sie anzustellen war aber für viele – so glaube ich – von Nutzen.

Zweitens: Weit wichtiger scheint mir eine Schlußfolgerung zu sein, die sich auf den *Begriff der Geburt* bezieht. Dieser Begriff sollte viel weiter gefaßt werden als der bestehende. Wir müßten nicht nur das beginnende Leben im Mutterschoß, sondern auch das erste Hilfesuchen des biologisch geborenen Kindes, seine anfängliche Anpassung an die Umwelt, seine ersten Reaktionen auf die Umgebung, die es weitgehend als feindlich empfindet, seine Nahrungsaufnahme, sein Bedürfnis nach Zärtlichkeit, sein Schreien in der Nacht, sein Verlangen nach Geborgenheit bei der Mutter, beim Vater und den Geschwistern und vieles andere mehr in den Begriff «menschliche Geburt» hineinverlegen. Durch all das wird der Mensch «geboren». Neue Perspektiven öffnen sich dadurch. Auch solche, die grundverschieden sind von den herkömmlichen. Einen solchen Begriff von der menschlichen Geburt zu erarbeiten, ist wahrscheinlich gar nicht die Aufgabe der Priester, sondern jener, die all das mitgemacht und erlebt haben, also vornehmlich der Laien. Sie werden dabei zum echten Mitwirken in der Erarbeitung der Grundlagen christlicher Theologie aufgefordert.

Drittens: Eines möchte ich hier als Frage mit aller Deutlichkeit aufwerfen, obwohl es gar nicht so neu ist, aber noch nicht tief genug im christlichen

Bewußtsein Fuß gefaßt hat: *Wann sollte man einen Menschen taufen?* Ich bin keineswegs gegen die Kindertaufe, da ich die Bedeutung einer solchen Handlung sehe. Das kleine Menschenkind wird dabei von vornherein in Beziehung zu Gott gebracht. Freilich in eine Beziehung, die sich in ihm entwickeln soll und die ihm erst nach und nach bewußt wird. All das ist richtig und sogar schön. Doch müßte ich die Priester darauf aufmerksam machen, was die Kirche ausdrücklich als Vorbedingung für die Kindertaufe nennt: Die christliche Erziehung des Kindes sollte dabei gesichert sein. Es ist in der Kirche verboten, ein Kind, bei dem diese Bedingung nicht erfüllt ist, überhaupt zu taufen. Dahinter steht eine große Weisheit. Man sollte bei einem Kind nicht einen Beginn setzen, ohne mit Sicherheit (oder Wahrscheinlichkeit) zu wissen, daß das Begonnene fortgeführt wird. Dann besser später taufen oder – ich wage es hart auszusprechen – gar nicht.

Viertens: Dahinter liegt noch eine andere Einsicht. Da die Kirche die Aufgabe hat, alle Menschen zu Gott zu führen und die Taufe offenbar eine Vorbedingung des Heiles ist, müssen wir sagen, daß *die Taufe auch auf anderen Wegen erreicht werden kann,* daß also das Heil des Kindes nicht davon abhängt, ob es gleich am Anfang getauft worden ist. Wir dürfen denken, daß auch die ohne Taufe Verstorbenen ihr ewiges Heil erlangen können. Diesen Gedanken habe ich bereits in meinen früheren Schriften ausgeführt und muß deshalb nicht ausführlich auf ihn eingehen. Wenn der Mensch stirbt, begegnet er Christus in seiner Fülle. Er kann sich für oder gegen ihn entscheiden. Die Christusbegegnung – welche ja das Wesen der Sakramente ausmacht – ist demnach für jeden Menschen eine reale Möglichkeit, ja für jeden Menschen unausweichlich. Dieser Gedanke ist aber nicht neu, da die Kirche von ihren allerersten Anfängen an noch andere Arten der sakramentalen Taufe gekannt hat: die «Bluttaufe» und die «Taufe der Sehnsucht». In diese letzte Kategorie möchte ich theologisch auch den menschlichen Tod einordnen. Das alles ist nicht neu und sollte uns wohlbekannt sein. Es gehört zur ureigensten Lehre der Kirche. Dennoch ist es nützlich, es immer wieder zu erwähnen, damit die Christen von ihrer oft allzugroßen Ängstlichkeit befreit werden. Für niemanden soll man Angst haben. Und zwar deshalb, weil wir einen wirklich großen Gott haben, der nicht danach trachtet, irgend jemanden zu verurteilen. Er hat uns ja alle mit seinem eigenen Blut erlöst.

Zum Schluß dieses ersten Abschnittes muß ich wohl dem Thema dieser Schrift entsprechend die Frage stellen: Wie äußert sich die Anwesenheit des Todes am Anfang des beginnenden Lebens? Es ist zwar noch recht schwierig, bereits in diesem ersten Stadium meine Hypothese zwingend darzulegen. Dennoch sahen wir, wie die ganze Entfaltung des Kindes, von der Zeugung bis zum ersten Lebensjahr, von Krisen bedroht ist. Das kleine Kind kann sich nicht wehren. Es ist restlos ausgesetzt. In der biologischen Geburt wird es hinausgedrängt in eine neue Welt und sucht nach Hilfe, Zärtlichkeit und Geborgenheit. All jene Ängste, die es empfindet und all das Suchen, das es vollzieht, geschehen in dieser Lebensphase zwar noch unbewußt. Dennoch prägen sich diese «unbewußten Erinnerungen» tief in die psychische Struktur des werdenden Menschen ein. Durch die Zärtlichkeit der Mutter und des Vaters lernt es, daß Gott selbst zärtlich ist. Bei einer Vernachlässigung wird der dann erwachsene Mensch hingegen meinen, daß Gott selbst ihn vernachlässigt. Bei herrschsüchtigen Eltern wird das Kind später das Bild eines tyrannischen Gottes entwickeln. Durch ganz kleine Erfahrungen wird ein Kind Gott «entgegengeboren». Noch einmal muß ich aber betonen: Hier geht es um feine Erfahrungen, die man fast nicht beweisen kann. Dennoch: Eine unglückliche Kindheit würde unser ganzes späteres Leben vergiften können. Der Mensch wird Jahre, oft Jahrzehnte brauchen, um von solchen Erfahrungen loszukommen und sich zu einem ausgeglichenen, das heißt christlichen Gottesverhältnis durchzukämpfen. In all diesen Vorkommnissen ist bereits ein Untergang gegenwärtig, sogar die Bedrohung des Todes, eines Todes zwar, der uns allen als Zeichen der Hoffnung gegeben ist, den aber in seinem Leben nur jener als Hoffnung erfahren wird, dem echte menschliche Zärtlichkeit zuteil wurde.

Werdendes Leben heißt «Ausgesetztsein». Gerade dieses Ausgesetztsein ist ein Zeichen des Todes im Leben des Kindes. Die Sehnsucht danach, daß sein Leben «aufgefangen» wird durch eine Zärtlichkeit, ist ein weiteres Zeichen dafür, daß bereits das Kind nach etwas verlangt, das sein Leben ganzheitlich umfängt. Dieses ganzheitliche Umsorgtsein kann ihm aber kein Mensch bieten. Wenn man das Antlitz eines neugeborenen Kindes und eines gerade gestorbenen Menschen vergleicht, erkennt man erstaunliche Ähnlichkeiten. Es ist das Überwältigtwerden von etwas ganz Neuem, von einem Unerwarteten. Man sagte einmal: Das erste und das letzte, was ein Mensch in seinem Leben macht, ist Schreien. Dies ist nicht nur eine Tatsache, sondern auch eine Deutung des gesamten Lebens. Mit einem Schrei der Überraschung beginnt unsere Existenz und mit einem ebensolchen Schrei endet sie.

Noch einmal: Ausgesetztsein und Sehnsucht nach Geborgenheit. Darin äußert sich für mich bereits der Tod im kindlichen Dasein, der Tod, der zwar noch durchgestanden werden muß, der aber bereits den kleinen Menschen bedroht und ihm zugleich Hoffnung schenkt. Ich werde später noch andere Aspekte dieses im menschlichen Leben vorhandenen Todes zeigen, diese erste Eigenschaft ist aber schon so wichtig, daß wir sie uns bewußt machen müssen, um sie später in die anderen Einsichten miteinzubeziehen.

ENTWICKLUNG

Die Daseinsweise des Kleinkindes ist Hoffnung. Diese zeigt sich vor allem als ein Hineinragen in ein Noch-nicht-Gewordenes. Das Kind lebt ursprünglich in einem Existenzraum des «Mehr». Das eigentliche Mehr des Menschendaseins ist aber göttlich. Das Kind bewohnt eine Welt der unbegrenzten Weite. Bei ihm sind die Türen des Seins noch nicht versperrt. Thomas von Aquin erfaßte diese Bezüge des Kindseins folgendermaßen: Die erste Tat geistiger Unterscheidung erfaßt die Ganzheit des Seins. Sie berührt demnach auch Gott im Zuge einer geistigen Intuition. Das Kind lebt – nach Thomas von Aquin – dermaßen intensiv in Gottes Gegenwart, daß die allererste Regung seiner Bewußtwerdung Gott (freilich noch einschlußweise und ohne Namengebung) als den begründenden Grund aller Wirklichkeit zu erfassen vermag. Zum besseren Verständnis des Kindseins möchte ich nun diesen Gedanken ein wenig auseinanderfalten, und zwar anhand von drei Grundphänomenen: Gottunmittelbarkeit, Märchen und Spiel.

Gottunmittelbarkeit

Die oben angedeutete Einsicht des Thomas von Aquin, der ich ganz beipflichte, gibt uns zunächst etwas Wichtiges zu bedenken. Das Kind steht, freilich noch nicht artikuliert, in einer unmittelbaren Beziehung zu Gott. Dies erfahren wir auch konkret. Wenn man mit einem Kind über die Geheimnisse des Glaubens spricht, scheint es sie innerlich ganz aufzunehmen, sie gleichsam zu «verstehen». Der Erwachsene steht oft perplex vor dieser Tatsache. Er leugnet diese Geheimnisse nicht, aber es ist schwer für ihn, sie zu begreifen. Dies habe ich selber in bezug auf das «Geheimnis der Geheimnisse», das Geheimnis der göttlichen Dreifaltigkeit, mehrmals erfahren. Einem Kind ist das Geheimnis der Dreifaltigkeit «einleuchtend». Es ist ihm klar, daß es im Bereich von Personen möglich ist, einander so zu lieben, daß diese ihre Liebe selbst eine Person ist. Deshalb habe ich mich des öfteren gefragt, und will nun diese Einsicht dem Urteil meiner Leser unterbreiten, ob es nicht so etwas wie eine *kindliche Mystik* gibt, das heißt, eine unmittelbare Beziehung des Kindes zu Gott, vor jeglicher rationalen Überprüfung. Ich selber bin überzeugt, daß es sie wirklich gibt. Daß also jeder Mensch irgendeinmal in seinem Leben die Erfahrungen der Mystik macht. Freilich sind die Erlebnisse des Kindes noch viel zu zart, viel zu sehr dem Wandel der Gemütsverfassung unterworfen. Die Erwachsenen sollten sehr aufpassen, daß sie diese Bezüge in der Existenz des Kindes nicht zerstören, sondern sie hegen, bis sie sich zu einer «erwachsenen Mystik» entfalten. Man kann im Leben des Kindes, gerade in seiner Beziehung zu Gott, vieles zunichte machen. Etwa durch rationale Erklärungen oder durch bewußte «Erziehung» zur Religiosität.

Märchen

Zum besseren Verständnis des Kindes und seiner Unergründlichkeit möchte ich hier etwas noch erwähnen, das ich bereits in einem Aufsatz in der Zeitschrift «Orientierung» länger und eingehender ausgeführt habe, nun aber kurz zusammenfassen möchte. Das Kind träumt sich an Märchen groß. Gefährdet man das Märchen, so beraubt man das Kind nicht nur des Zauberhaften, sondern zerstört sein Seelenleben und seine zukünftige Entfaltung. Das Märchen gibt auf die wesentlichen Fragen menschlicher Existenz genaue Antworten und Entwürfe. Ich erwähne einige Aspekte des Märchens, um begreiflich zu machen, weshalb für mich das Märchen ein Urphänomen der Hoffnung ist.

Allgemein beginnt das Märchen mit einem Glückszustand. Nachher bricht die Bedrohung durch das Böse in das Leben ein. Dann scheint das Böse endgültig gesiegt zu haben. Daraufhin erfährt der Mensch aus einem «wunderbaren Bereich» eine unerklärliche Hilfe. Schließlich siegt der schwache Mensch gegen das starke Böse und wird endgültig glücklich. – Worauf es hier ankommt, ist eine geistige Schau der Wirklichkeit. Es ist für ein Kind völlig einsichtig, daß die Menschheit einmal restlos glücklich war, daß aber nachher der Fall und die Herrschaft des Bösen kamen, daß sich aber daraufhin eine übernatürliche Befreiung ereignete und schließlich die Welt sich dem endgültigen Glück öffnete. In all dem erschließt sich eine Sicht in die Urgründe des Seins. Das Märchen ist eine Tür, die geöffnet werden muß, damit man in die Sphäre des Geheimnisses gelangen kann, wo eine Sinndeutung des Lebens erst möglich wird. Jeder Religionslehrer weiß, wie schwer Kinder, die daheim nie Märchen zu hören bekamen, die *Heilsgeschichte* verstehen. Vom Märchen her hat aber das Kind seinen Katechismus schon «vorausgewußt».

In einem Märchen ereignen sich *wesentliche Dinge*. Die Seienden sind in ihrer Einmaligkeit werthaft, und nicht in ihrer Vergleichbarkeit. So erscheint die Welt im Märchen, wie sie eigentlich sein sollte. Das Märchen ist ein inneres Reich, in dem die Wahrheit Güte, die Güte Schönheit und die Schönheit Macht ist. Es ist eine Geschichte, in der das Gute immer das Stärkere ist. Solche vom Vordergründigen verbaute Beziehungen erschaut man aber nur mit dem Herzen. Das Märchen weist uns einen Weg aus der vordergründigen Wirrnis. Es ist ein Ort religiöser Erfahrung, wo sich das Verdunkelte lichtet.

Eine andere bedeutsame Erfahrung des Märchens ist: «Die Hexen sind runzelig, nicht weil sie alt, sondern weil sie böse sind.» Im Grunde bedeutet dies, daß das Bleibende und Wirkliche immer aus der Macht des Guten hervorbricht. Diese Macht des Guten ist im Märchen unbegrenzt. Gar keine

Grenzen der Wandlung gibt es im Märchen. Es ist nicht notwendig, daß der Begriff, die Idee oder der Vorgang der *Schöpfung* im Märchen dargestellt wird, damit das Prinzip der Schöpfung innerlich erschaut werden kann. Es genügt zu erfahren, daß in der Welt eine Macht wirkt, die aus dem Weniger ein Mehr hervorbringen kann. Eine Macht, welche die Dinge souverän waltet. Das sind Einsichten, die von keiner Philosophie oder Lebensdeutung je überboten werden können.

Immer wieder heißt es im Märchen: «Und sie lebten glücklich und hatten viele Kinder.» Mit Ehe und Fruchtbarkeit endet die Geschichte. Darüber hinaus ist scheinbar nichts mehr zu sagen. Da wird wohl auch eine symbolische Ehe angedeutet, die Vermählung des Schöpfers mit der Schöpfung. Eine Welt der ewigen *Fruchtbarkeit* entsteht. Vorher aber ereignete sich das Gericht. Die Hexen wurden in die Tiefe gestürzt. Nun steht ein Bereich da, in dem unsere Träume, unsere Sehnsucht nach einer heilen Welt Wirklichkeit werden. Das ewige Leben ist wohl die Entfaltung des inneren Seinsraumes. So enthält das Märchen eine ganze eschatologische Ethik, die einzige, die im christlichen Denkbereich Gültigkeit hat.

Weshalb erzählt man wohl im Märchen immer wieder die Geschichte einer Bedrohung, die überwunden werden mußte? Weshalb schildert man, wie die Liebe den Tod besiegt? Das sind eindeutig Vorkommnisse, die nur in Heilskategorien zu deuten sind. Meistens muß der «Erlöser» Qualen leiden. Er wird von bösen Mächten angefochten, muß in die Tiefe hinuntersteigen. Dabei hilft ihm eine Schar von Wesen, von guten Feen, alten Mütterchen und erfahrenen Greisen. Im Märchen ereignet sich eine Übereinstimmung unseres Verlangens nach *Erlösung und Heil,* welche nicht «erworben» werden können, sondern uns geschenkt werden.

Außerdem ist im Märchen die *Liebe* so stark, daß sie Tote auferwecken kann. Es sind immer Paare, einfache, reine und glückliche Paare, die einander retten können. Das sind Aussagen über das Wesen menschlichen Seins. So erweckt das Märchen die im Kinde schlummernde Urevidenz der Liebe. Vielleicht hat niemand je die aus dem Märchen emporsteigende Gestalt der Liebe gefunden. Die Liebe zielt nämlich unendlich weiter als die von Enttäuschungen bedrohte menschliche Begegnung. Dies sind Einsichten, um die Philosophen während Jahrtausenden gerungen haben. Sie sind aber eigentlich nicht viel weitergekommen als das einfache Kindermärchen.

Spiel

Der Mensch als spielendes Wesen. Dieser Gedanke ist deshalb sehr wesentlich, weil im Spiel ein Zweifaches enthalten ist: Der spielende Mensch weiß um die Sinnhaftigkeit seines Tuns und um die Nichtnotwendigkeit desselben. Es gibt kein Spiel ohne tiefen Ernst, und wenn Kinder spielen, treten sie mit einer fast mythischen Kraft in den Bannkreis absoluter Verpflichtung und den Schatten eines möglichen Verlierens. Der spielende Mensch ist zunächst ein Mensch der *Heiterkeit*. Aristophanes läßt im Chorlied der «Frösche» singen: «Laß sondern Fehl den Tag hindurch mich spielen, tanzen, singen, mich sagen auch viel Spaßiges, mich sagen auch viel Ernstliches, und wenn ich würdig deines Fests gespielt hab, gespottet hab, den Siegeskranz mich schmücken.» Der Mensch, der die Tiefe des Lebens erfaßt hat, nimmt auch die ernstesten Dinge nicht verfälschend ernst. Er weiß, daß auch die größten Taten der Menschen nur wie ein Kinderspiel sind. Vielleicht wäre es notwendig, hier einige Gedanken über das christliche Ideal eines «ernst-heiteren» Menschen hinzuzufügen. Ich bin überzeugt davon, daß erst durch den Glauben an die wahre Menschwerdung Gottes überhaupt die Möglichkeit gegeben ist, dieser Welt heiter entgegenzugehen. Dabei muß ich freilich auch betonen, daß mit dieser Heiterkeit eine leise *Traurigkeit* gepaart ist. Hugo von Hoffmannsthal läßt im «Weißen Fächer» Fortunio sprechen: «Ich weiß sehr wenig. Aber einen Blick hab' ich getan ins Tiefere. Irgendwo erkannt: Dies Leben ist nichts als ein Schattenspiel. Gleit mit den Augen leicht darüber hin, dann ist's erträglich. Aber klammre dich daran, und es zergeht dir in den Fingern.» Ein wahrhaft spielender Mensch wandert zwischen Weltliebe und Weltflucht, zwischen Umarmung und Abstand. Das Spielen wäre demnach ein «festumgrenztes Fließen». Aurelius Augustinus wagt sogar zu sagen: «Ein Komödienspiel ist das Leben des Menschengeschlechts.» Clemens von Alexandrien dichtete über das Spiel also: «Dieses weise Kinderspiel! Ein Lächeln ist's, unterstützt von Geduld, und Zuschauer ist der König. Fröhlich ist der Geist derer, die in Christus Kinder sind und wandeln in Geduld! Ja, das ist ein göttliches Kinderspiel!»

Diesen Gedanken habe ich nur hinzugefügt, um zu zeigen, wie das Spielen das Kind zur Heiterkeit und zum Ernst erzieht. In seinem unter Tränen lächelnden Aufsatz hat Peter Lippert dies aus der Sicht des christlichen Glaubens ausgedrückt: «Selbst der törichteste Zwang endet irgendwo in Freiheit, und die dunkelste Verlassenheit ist nur ein Torweg zum Beisammensein, das gleichgültigste und sinnloseste Tun ist wie ein Brückenbogen, über den wir gehen, und das häßlichste Schicksal ein Schleier, hinter dem die Schönheit steht. Darum nehmen wir all das frei und lässig, sorglos und unbeschwert in unsere Hände. Wir nehmen es nicht schwerer als ein Spiel, das man eben spielt, bis die Zeit vorüber ist, aber auch nicht gleichgültiger als ein Spiel, mit dem ein Kind seinen Tag ausfüllt, ernst und hingegeben, aber stets bereit, es liegenzulassen, wenn die rufende Stimme aus dem Hause klingt und ihm sagt: Nun komm!»

Diese drei Elemente aus dem Dasein des Kleinkindes – Gottunmittelbarkeit, Märchen und Spiel – wollte ich kurz hervorheben. Noch ein Anderes wäre hier zu erwähnen, auf das ich aber nicht

eigens eingehen möchte: Das Erlernen der *Sprache*.
Romano Guardini sagt in einer Anmerkung zu
seiner Schrift «Welt und Person»: «Es gibt eine in
der Chronik des Salimbene berichtete Anekdote,
wie Friedrich II. von Hohenstaufen die Ursprache
des Menschen zu erforschen suchte. Danach ließ er
einige elternlose Säuglinge in ein Haus zusammen-
bringen; ordnete an, daß man ihnen jegliche Art
von Pflege angedeihen lasse, verbot aber aufs
strengste, mit ihnen zu reden. So sollte sich zeigen,
welche Sprache sie spontan hervorbringen würden. Die Kinder begannen aber weder hebräisch
noch griechisch, noch lateinisch – worin nach Meinung der Zeit die Urmöglichkeiten der Sprache
bestanden –, ebensowenig in der Mundart ihrer
Eltern zu reden, sondern starben. Die Geschichte
ist sehr tiefsinnig und besagt, daß das Sprechen
kein Produkt, sondern eine Voraussetzung des
menschlichen Lebens bildet.»
Will ich nun aus dem bisher Besprochenen einen
Schluß auf das «Da-Sein» des Todes im kindlichen Leben wagen, muß ich Folgendes sagen: Im
vorigen Abschnitt habe ich das Ausgesetztsein
und die Sehnsucht nach Geborgenheit als Gegenwart des Todes im menschlichen Leben zu deuten

versucht. Dazu kämen nun drei weitere Bestimmungen:

In seiner «Gottunmittelbarkeit» steht das Kind bereits in einem «Hinübergehen» ins Geheimnis, dem wir den Namen Gott gegeben haben. Es ist also (gelebt) bereits in der Situation des Todes. Im Märchen erahnt das Kind unergründliche Geheimnisse, die es aber in einen Zustand des «Verlorenseins» bringen und ihm nahelegen, was sich alles mit uns im Tode ereignen mag. Im Spielen übt es sich in jene Haltung ein, die auch die ernsthaftesten Dinge heiter nimmt und die heitersten ernsthaft. Es lernt also, sich nicht an dieses Leben zu klammern und dennoch das Leben voll zu erfüllen. Denken wir jetzt genau nach: Was bedeutet es, daß in einem Leben eine Gottunmittelbarkeit aufbricht, daß es in ihm ein Ausgesetztsein erfahren wird und daß sich darin eine heitere Ernsthaftigkeit ereignet? Auf diese Frage finde ich keine andere Antwort als: Die Gottunmittelbarkeit, das Ausgesetztsein und die heitere Gelassenheit sind Erfahrungen, die dem Menschen von seinem Geist eingeprägt werden, der sich nach und nach daran gewöhnen muß, im Leib zu existieren, in einem Leib, der im Gegensatz zu ihm selbst, dem Unter-

gang geweiht ist. Dies ist wohl die Stelle, an der der
Mensch den Geist am deutlichsten erfahren und
sich mit dem Tod auseinandersetzen kann. Freilich
erwarte ich diese Auseinandersetzung nicht vom
Kind. Es ist noch unfähig dazu. Reflektierend aber
kann man ersehen, daß hier etwas vor sich geht, das
langsam zum Erwachen des Geistes führt und das
eine ganz klare Deutung des menschlichen Todes
beinhaltet.

Noch einmal: Bis jetzt haben wir fünf Eigenschaften menschlichen Erlebens dargelegt, das Ausgesetztsein, die Sehnsucht nach Geborgenheit, die
Gottunmittelbarkeit, das Verlorensein, den heiteren Ernst. All das haben wir versucht, als die Gegenwart des Todes im menschlichen Leben zu deuten. Mögen diese Einsichten für einige meiner Leser als «weithergeholt» scheinen, sie geben Aufschluß darüber, was in der Seele eines Kindes vor-
geht, selbst wenn das Kind es noch nicht ausdrücklich formulieren kann. Oft betrachten wir diese
Ereignisse als unwichtig und achten nicht darauf,
welche Dimensionen des Ewigen sich darin auf-
tun. Gerade in solchen «Kleinigkeiten» kann sich
das Leben eines Menschen entscheiden. Ich würde
sehr Angst haben vor Menschen, die in ihrer Kind-

heit Gott nicht erspürt, nie Märchen gehört und nie gespielt hätten. Solche Menschen wären dem Religiösen und darüber hinaus dem Christlichen gegenüber nicht aufgeschlossen und auch menschlich hart geblieben.

WIDERSTAND

Plötzlich kommt beim Kind das große Nein. Die Eltern haben für das Kind gesorgt. Es war sehr mühsam. Dann sagt dieses Kind: Nein! Dies in seiner christlichen Dimension zu überlegen, ist zwar schmerzlich, jedoch notwendig. Gehen wir der Tatsache des Neinsagens behutsam nach. Es ist in diesem «Nein» eine Abweisung ausgesprochen, ja der Wille nach Fernsein. Es war den Eltern zu lange nah und hat dieses Nahesein immer weniger ausgehalten. Es möchte auf einmal für sie nicht mehr «da» sein. Wie bedeutend solche Flucht für das Kind sein kann, möchte ich nun zu erklären versuchen, indem ich aufzeige, wieso Gott selbst, der uns «näher ist als das eigene Herz», sich des öfteren als *der ferne Gott* zeigt, der auch für uns nicht «da» sein will. Darin werden wir eine der Wesensstrukturen unseres eigenen Seins erfassen.

Gott scheint uns als der Anfang, der aber immer wieder «früher» ist. Er zeigt sich uns als der Letzte, der niemals kommt. Er schiebt seine Geschöpfe vor sich her. Es sind immer seine Diener, die zu uns kommen. Wir «graben» durch die Welt, um ihn zu finden. Alles aber, was wir berühren, zerfällt sofort. Wir möchten zum Beispiel in unserem Leib einen Punkt finden, der die Seele, den von Gott gehauchten Geist enthält, berührt, ergreift, formt und belebt. Wir finden diesen Punkt nicht. Immer nur körperliche Dinge finden wir, obwohl wir wissen, daß wir eine Seele haben. Selbst unsere Liebe! Selbst wenn wir in unsere abgründigste Liebe hinabsteigen, ist sie doch nur ein enger Raum, leer, und Gott finden wir auch dort nicht. Gott hat uns Propheten geschickt, die aber nur Menschenworte redeten. Gott selbst stand immer nur hinter seinem Werk, fern und scheinbar abweisend. Selbst unser Herr Christus! Wenn wir ihn berührten, war es nur Menschenleib. Selbst wenn wir ihn hörten, war es nur Menschenwort. Alle Werke Gottes sind wie Rosen, deren Blütenblätter von innen her schnell nachwachsen. Wie viele Blätter wir auch von aussen wegschälen, es kommen immer neue Blätter. In das Innere der Knospe gelangen wir nicht, scheint uns. Gottes Welt ist bodenlos. Wie tief wir auch graben, es ist immer wieder Welt da, auf ihren Grund kommen wir nicht. Und wenn wir die allerersten Gründe der Welt betreten, sie haben wieder einen Abgrund unter sich, in dem sie gründen. Wir laufen Gott entgegen, aber er weicht immer wieder zurück. Gott ist niemals «da».

Freilich wird es nicht genügen, einem Traurigen und vielleicht sogar Verzweifelten eine Theorie der Nähe Gottes darzulegen. Man kann einen Menschen individuell nicht «bekehren» und «erlösen», indem man ihm eine Lehre predigt. Man müßte viel mehr tun. Aber was, und vor allem wie? Vielleicht, indem wir ihm im persönlichen Gespräch, als Freund, beizubringen versuchen, daß der Gott, an dem er so verzweifelt ist, ihm wirklich nahesteht. Vielleicht nicht so nahe, daß er ihm seine Traurigkeit nimmt, sondern viel näher, als derjenige, der gerade in der Traurigkeit zu finden wäre. Ihm sehr zurückhaltend von einem Jesus Christus sprechen, dessen Leben, Lehre und Schicksal mit dem Aufschrei endete: «Mein Gott, warum hast du mich verlassen?»

Vielleicht müßte man die Liebe Gottes heute ganz neu erfahren: In der Souveränität ihrer Ursprünglichkeit, in ihrer Unabhängigkeit von der Welt, im Geheimnis ihres letzten Warum. Von diesem Ursprünglichen des «Gott ist nahe und ferne zugleich» wird, wie mir scheint, die christliche Haltung der Zukunft geprägt sein: Unsere Existenz gelangt in die Nähe des Absoluten und erreicht damit ihre höchsten Möglichkeiten und äußersten Gefahren.

Ähnlich sollte auch *die elterliche Liebe eine Nähe und Ferne setzen.* Gott selber hat diesen Doppelbezug in unsere Herzen eingestiftet. Deshalb sollten wir auch – so weh es uns manchmal tut – von unseren Kindern annehmen, daß sie Abstand von uns wahren, daß sie «in die Ferne gehen», daß sie auch gelegentlich «nein» sagen zu uns. Dies ist für die seelische Entwicklung eines Kindes bedeutsam. Ein Kind, das nie nein gesagt hat, wird nie jene persönliche Unabhängigkeit erlangen, ohne die keine menschliche Person denkbar ist. Ich möchte sogar sagen, daß die Eltern froh sein müßten, wenn das Kind nach und nach von ihnen Abstand nimmt. Dieses Frohsein über die Ferne des Kindes ist eine wichtige erzieherische Aufgabe. Es entwickelt im Kind einen unabhängigen Seinsgrund. Diese Haltung einzunehmen ist manchmal ungemein schwierig. Schwierig vor allem, weil man sich innerlich «verletzt» fühlt. Doch muß dieses

Kind, dem wir Eltern so viel geholfen haben, zu seinem Recht, nein zu sagen, gebracht werden, sonst verkümmert seine Existenz, und es wird ein abhängiges Wesen. Dabei müßte ich noch einige Gedanken über die Anwesenheit des Todes im Neinsagen des Kindes einschalten.

Im Tod wird der Mensch total «abwesend». Er geht hinein in eine andere Begegnung. Allen Menschen wird er fremd. Er nimmt sein individuelles Schicksal endgültig auf sich. Durch sein Abstandnehmen übt sich bereits das Kind in diese Situation hinein. Das ist zwar ein schmerzlicher Vorgang, und es leidet oft mehr darunter, als wir vermuten. Doch irgendetwas treibt das Kind dazu. Als ob Gott ihm sagen würde: «Seid nicht voneinander abhängig! Laßt einander frei!»

Gerade in diesem Instinkt des «Freilassens», ja des «Freigebens» waltet im menschlichen Leben etwas, das man als «todbringende Freiheit» bezeichnen könnte. *In der Freiheit geschieht immer ein Abstandnehmen.* Ein Abstand jenen Dingen und Personen gegenüber, zwischen denen man wählen soll. Hier müßte ich auf die Anregungen zurückgreifen, die in der «Action» von Maurice Blondel enthalten sind. Sie lassen uns jenes Ursprüngliche erfassen, das in der menschlichen Freiheit als Vorgriff auf den Tod bereits mit inbegriffen ist.

Blondel stellte fest, daß das menschliche Wollen immer schon unendlich mehr setzt als das, was der Mensch tatsächlich in einem konkreten Willensakt «will», daß also die Freiheit gezwungen ist, immer wieder über ihre konkrete Verwirklichung hinauszugreifen, immer «Abschied» zu nehmen. Die eigentliche Leistung Blondels war die Methode, mit der er einen Zwiespalt aus dem menschlichen Wollen herauslesen konnte. Er sagte: Das tiefere Wollen, der Schwung des menschlichen Daseins selbst («volonté voulante») reißt den Menschen, sein bewußtes Oberflächenwollen («volonté voulue») zu immer weiteren Bezirken fort. Zur Ruhe kann der Mensch erst dort kommen, wo das Gegenstandswollen den Schwung des Tiefenwollens voll aufzufangen weiß. Dabei konfrontierte er das bewußte Wollen mit dem unbewußt-unthematischen Willensdrang. Mit einer Methode von Spruch und Widerspruch in wissenschaftlicher Strenge (die Richtung des Willensdranges immer nur dort verfolgend, wo kein bewußtes Wollen ihn aufzuhalten vermag), stellte er all das heraus, was ursprünglich und eigentlich schon im Willensdrang angezielt ist. So schreitet die Blondelsche Methode die verschiedenen Ebenen, in denen sich die Person entfaltet, die Bereiche, in denen sie sich niederlassen möchte, der Reihe nach ab. Am Ende stellt sich heraus, daß der Mensch eigentlich in jedem Akt des Wollens Gott gegenüber Stellung beziehen kann. Gott ist, gleichgültig ob man ihn als Gott benennen kann oder nicht, das Unausweichliche in jeder menschlichen Freiheit. Er steht am Ausgang aller Straßen, die ein Mensch einschlagen mag. Erst in dem Akt, in welchem wir Gott begegnen, können wir uns selbst einholen und wirklich Mensch sein.

Das ständige «Abstandnehmen» ist in der menschlichen Existenz das Zeichen dafür, daß die menschliche Freiheit Gott sucht, sich Gott gegenüber frei zu entscheiden strebt. Wie von einem großen Magnet angezogen, wird das menschliche Dasein in seinem ganzen Lauf durch das Kräftefeld dieser Anziehung bestimmt: Alles strebt im Menschen einer Aufgipfelung der freien Entscheidung zu. Aber erst im Tod kann die Freiheit die volle Vereinigung mit sich selbst vollziehen, indem sie alles in ihr schon von vornherein Angestrebte frei annimmt. Im Lauf seines irdischen Werdeganges übt sich der Mensch in den entscheidenden und endgültigen Willensakt ein, in den Tod.

Diese kurze – von mir sogar noch willentlich verkürzte – Darstellung der Einsichten Blondels vermag die ganze Tragweite des vorhin angedeuteten «Abstandnehmens» im menschlichen Leben zu erhellen. Der Mensch darf sich in keinem Bereich seiner Existenz «ansiedeln.» Der ursprüngliche Schwung seiner Freiheit trägt ihn immer weiter, zu neuen Räumen. Damit er sich vollends verwirklichen kann, muß er sich vor Gott, dem ursprünglich angestrebten letzten Inhalt seiner Freiheit entscheiden. Er muß sich in seinem Wesen ganzheitlich «einholen». All das deutet darauf hin, daß der Mensch, indem er Abstand nimmt, bereits sich in die letzte Entscheidung, in den Tod, einübt. Dies alles wird einigen Lesern vielleicht ein wenig abstrakt erscheinen, doch war es notwendig, diese Einsichten darzulegen, um bis zum Grund des menschlichen Daseins zu gelangen. In diesem Grund fanden wir den Tod nicht als Bedrohung, sondern als die herrlichste Aussicht unseres Lebens.

Ausgesetztsein, Sehnsucht nach Geborgenheit, Gottunmittelbarkeit, Verlorensein, heiterer Ernst und schließlich Abstandnehmen: Nach und nach, aus kleinen Einzelheiten, setzt sich für uns das menschliche Leben zusammen in seiner letzten Dimension, als die Anwesenheit des Todes. Ich möchte hier meine Leser bitten, nicht schnell weiterzulesen, sondern das bisher Bedachte noch einmal zu überlegen.

UMBRUCH

Was meint man, wenn man sagt, das Kind sei «*unschuldig*». Dies trifft sicherlich nicht im sittlichen Sinne zu. Die Eltern, denen es nicht auf Sentimentalitäten, sondern auf das persönliche Schicksal des Kindes ankommt, wissen wohl, wie früh die Selbstsucht, die Rücksichtslosigkeit und die Grausamkeit einsetzen. Die Eltern kennen die Eifersucht, die schon beim Kleinkind erwacht, wenn ein neues Geschwister hinzukommt und das bisher einzige oder jüngste Kind nicht mehr den Mittelpunkt der Aufmerksamkeit bildet. Das Ziel dieser Entwicklung ist aber, sich als Selbst von den Anderen zu unterscheiden und als Person dazustehen. Das Kind soll eigenes Urteil über die Welt gewinnen und einen eigenen Stand erhalten. Hier möchte ich einen wichtigen Text von Romano Guardini aus seinem Buch «Die Lebensalter» zitieren, weil er mich genau darauf hinweist, wo ich einen der Gründe dieser Entwicklung sehen muß.

«Eine der Ursachen dieser Krise ist das Erwachen des sexuellen Triebes. Auch hier wissen Eltern und Erzieher, daß er vorher durchaus nicht fehlte – und daß auch hierin die Redensart von der Unschuld des Kindes eine sentimentale Unwahrheit ist. In Wahrheit setzen sexuelle Impulse schon in der frühesten Kindheit ein und werden immer wieder wirksam. Sie haben aber noch einen diffusen Charakter, finden noch nicht jenes Gegenüber der Individualität, das ja Person voraussetzt. Dieser Impuls tritt nun mit den physiologischen Voraussetzungen der Zeugungs- und Empfängnisfähigkeit elementar hervor. Es ist die Zeit, in welcher der Knabe wie das Mädchen für autoritäre Weisung, ethische und religiöse Beeinflussung unzugänglich sind... So geht die Aufgabe der Erziehung dahin, zu erreichen, daß die neu erwachte Lebenswirklichkeit gesehen, anerkannt, vom Charakter des Illegitimen freigehalten – zugleich aber in die Ordnung eingefügt, durch die Person in Verantwortung genommen und unter die Maßstäbe der Ehe gestellt wird.»

Eine kluge Weisung, deren Bedeutung wir Erwachsene entweder verlernt haben oder uns nicht mehr genau erinnern, wie schwer dieses sexuelle

Erwachen für uns selber war. Sowohl der Leib als auch die Seele des Kindes machen eine erstaunliche Wandlung durch. Kräfte der Geschlechtlichkeit erwachen. Es verkapselt sich in sich selbst: Das Kind hat noch kein Gegenüber. Der Knabe interessiert sich noch nicht für die Mädchen, hingegen findet das Mädchen sehr schnell reges Interesse an den Knaben, nur wagt es noch nicht, dies zu zeigen. Überhaupt geht die geschlechtliche Reifung bei den Mädchen bedeutend schneller und intensiver vor sich als bei den Knaben. Darum sollte das Mädchen in dieser Phase der Entwicklung darauf aufmerksam gemacht werden, daß das Frauendasein in vielen Beziehungen schwieriger ist als die männliche Existenz. Selbst die einfachsten Funktionen sind bei der Frau komplizierter als beim Mann. Gehen wir der besondern seelischen Entwicklung ein wenig nach, diesmal aber nicht, um zwischen Knaben und Mädchen zu unterscheiden, sondern einfach um zu sagen, welch seltsame Unstimmigkeiten im Pubertätsalter erwachen, denen das Kind von sich aus nicht gewachsen ist. Solche Fragen sollten eigentlich nicht unter Kindern selbst besprochen werden. Alle Kinder sind ja in sich noch unsicher und vermögen keinen guten

Ratschlag zu geben. Es müßten die Eltern sein, mit denen das Kind alle Probleme ruhig besprechen darf.

Da erhebt sich die Schwierigkeit der *Aufklärung*. Sicherlich ist sie eine anspruchsvolle Aufgabe, aber auch eine der heiligsten für die Eltern. Wenn ich dabei meine persönliche Meinung äußern darf, so würde ich sagen, daß die Aufklärung nach und nach, ganz ungezwungen zu geschehen hat. Gott hat uns «geschlechtlich» erschaffen. Die Geschlechtlichkeit ist Gottes Gedanke. Demnach ist sie heilig. Deshalb sollte man die Geschlechtlichkeit nicht der Gosse überlassen, sonst entstehen Konflikte. Man darf auch von Anfang an sehr ehrlich sein und braucht keine Sorgen zu haben. Das Kind ist natürlichen Dingen gegenüber, falls es behutsam herangeführt wird, viel weniger empfindlich als wir glauben. Ein unaufgeklärtes Kind steht letztlich vor größeren Problemen. Aber die Aufklärung bedarf der Behutsamkeit.

Man wird wohl von Anfang an nicht alles sagen und auch nicht anatomisch demonstrieren können. Hingegen soll das Kind möglichst früh erfahren, was es der Mutter schuldet, was Muttersein an biologischen Vorgängen, die mit Empfängnis,

Austragung und Geburt verbunden sind, verlangt. Es muß auch wissen, welche Funktion der Vater bei der Entstehung neuen Lebens hat. Daß der geschlechtliche Vorgang mit Lust verbunden ist, soll das Kind nach und nach auch zu wissen bekommen. Geschlechtliche Lust ist auch Gottes Schöpfung, deshalb ist sie an sich nicht unrein. Ich vertrete eine ehrliche Aufklärung der Kinder, damit das Geheimnishafte der Geschlechtlichkeit nicht einfach verlorengeht, sondern mit der Einsicht, «wie» dieses Geheimnishafte sich vollzieht, ausgestattet wird.

Ich weiß, daß dieser Vorschlag bei einigen Lesern auf Abwehr stößt. Doch kann ich ehrlicherweise keine andere Weisung geben, weil ein anderer Standpunkt nach meiner Überzeugung einfach Lüge wäre. In der Lüge kann kein Kind gesund heranwachsen. Nur in der Wahrheit. Die Wahrheit brauchen wir nicht zu fürchten, sondern sie nur der Seele des Kindes anzupassen, so daß sie erfaßt werden kann.

Wir werden uns bemühen, unsere Kinder zu verstehen. Oft verhalten wir uns ihnen gegenüber zu egoistisch. Wir glauben vielleicht, das Kind müßte von sich aus all das herausfinden, was wir selber jahrzehntelang nicht herausgefunden haben. Aber das Kind ist in dieser Phase des Lebens hilflos; es braucht unsere selbstlose Hilfe. Es bedarf jener heiligen Unbekümmertheit (ich betone noch einmal: heiligen) der Eltern, die bewirkt, daß das Geschlechtliche nicht in einen Winkel des Lebens abgeschoben wird, wo nur Unreines existiert. Wir sollten uns nicht von Prüderie beeinflussen lassen, sondern einfach der Wahrheit, die ja nach Christus «befreit», freien Lauf lassen. Paulus sagte, wir sollen «wahrhaftig sein in der Liebe». Dies zu tun, einerseits wahrhaftig sein, andererseits die Wahrheit in Liebe aufleuchten lassen, das ist für viele Menschen schwierig. Dennoch sind wir berufen, es zu tun.

Das Kind ist nicht ein «Besitz» der Eltern. *Schuldgefühle und Angst* beherrschen oft die Seele des Kindes während der Pubertät. Die Eltern wissen oft nicht, daß ihre Kinder gerade in diesem Lebensalter zu Drogen greifen. Viele Kinder kommen auf Selbstmordgedanken. Mit diesen Gedanken werden sie nicht fertig. Es ist möglich, daß sie von ihnen ein ganzes Leben lang verfolgt werden. Noch eines müssen wir hier bedenken: Diese Phase des Lebens dauert heutzutage oft sehr lang, bei manchen Kindern oft bis zur Universitätsreife. Wir sollten uns bewußt sein, daß der Leib des Kindes sich heute sehr rasch entwickelt, seine Seele aber nicht mit dieser Entwicklung Schritt hält. Manchmal glaube ich, einen erwachsenen Mann vor mir zu haben, und spreche zu ihm, wie man zu einem erwachsenen Menschen spricht, bemerke aber erst nachträglich, daß ich zu einem Kind sprach. Die Verschiebung der seelischen Reifung müssen wir – gerade heute – in unser Erziehungs-programm miteinberechnen.

Ungewißheit, Angst und Verwirrung. Ich frage mich, ob sie nicht Anzeichen der Anwesenheit des Todes im wachsenden Dasein des Kindes sind. Hier möchte ich etwas ehrlich aussprechen, das aber bei vielen Anstoß erregen wird: Ich hatte immer Angst vor Menschen, die sich nie mit der *Möglichkeit des Selbstmordes* konfrontiert sahen. Der Mensch hat das eigene Leben in seiner Hand. Einmal wird er der großen Frage gegenüberge-stellt: Ich habe mein Leben nicht mir selbst ge-schenkt. Andere haben über mich verfügt. Das Leben ist mir aufgezwungen worden. Ich habe es aber jetzt satt. Es ist nicht das Leben, das ich mir gewählt hätte. Mir ist alles mies. Ich muß sagen:

Recht hat ein Mensch, der so denkt. Nur darf er daraus nicht die Konsequenz ziehen, daß er nun dieses Leben von sich werfen darf. Man muß solchen Menschen begreiflich machen, daß hinter all den Zufälligkeiten, die zu ihrer Entstehung beigetragen haben, irgend jemand steht, der ihnen dieses Leben, so wie es ist, aufgetragen hat. Konkret gesagt: Gott. Damit sage ich aber keineswegs, daß man einem Selbstmörder das ewige Heil absprechen sollte. Man soll sich nur in seine Situation hineindenken. Er sieht keinen Ausweg mehr. Er sagt sich vielleicht: Mein eigenes Dasein ist eine Beleidigung Gottes. Ich liebe meinen Gott. Deshalb möchte ich mein eigenes Leben vernichten. Man sage ja nicht, daß dies eine ausgedachte Situation ist. Ich selber habe oft solche Menschen gesehen und mit ihnen Aussprache gehalten. Dennoch haben sie Selbstmord verübt. Eine solche Haltung kann von einer großen Liebe zu Gott zeugen. Und wenn ein solcher Mensch, in solcher Haltung, Selbstmord begeht, vermag ich nicht zu behaupten, daß Gott ihn nicht mit offenen Armen empfängt. Wir sollten über Menschenschicksale nicht urteilen. Einzig Gott hat das Recht, einem Menschen (sei er auch ein Selbstmörder) zu sagen, daß er ihn geliebt hat, selbst wenn seine letzte Tat für uns Menschen verwerflich gewesen ist.

Das Kind im Pubertätsalter steht dem Tod ganz nah. Er ist in ihm bereits wirksam. Das Kind darf die Bedrohung des Todes nicht durch vordergründige Argumente verdrängen. In dieser Phase manifestiert sich der Tod noch eindrücklicher und bedrohlicher. Dies ist aber eine Stufe der Wandlung, die man überwinden muß, um ein reifer Mensch zu werden. Der Tod ist immer eine Schwelle der Reifung in unserem Leben, einer Reifung, die nicht beiseite geschoben, sondern ehrlich durchgestanden werden muß. Dies zu wissen, ist eine große Befreiung, aber auch zugleich eine Bedrohung.

Ich weiß nicht genau, wie ich diese Phase des Lebens mit einem Wort definieren sollte. Vielleicht wäre der Ausdruck «*Angst*» der geeignetste dafür. So viele neue und wichtige Erlebnisse brechen da auf, die den jungen Menschen derart mit dem harten Leben konfrontieren, daß er oft keine Auswege mehr sieht. Dennoch geschieht hier etwas Bedeutendes: Das Leben wächst, wird in ihm bewußt und verlangt, daß es nachvollzogen werde. Der Nachvollzug des Lebens stellt ihn aber notwendigerweise in eine Situation, in der der Tod bereits anwesend ist. In eine Situation der Angst. Diese Angst erleben alle Menschen. Sie ist in uns allen gegenwärtig. Nur wer mehr Angst hat als andere, wagt nicht es einzugestehen. Heidegger definiert sogar die menschliche Existenz als «Angst». Diese zu erfahren, und zwar mit allen Fasern unserer Existenz, stellt uns dem Tod gegenüber. Aber: Angst vor Gott? Weshalb und warum? Da möchte ich einigen Seelsorgern ein hartes Wort reden: Weil wir, Priester, immer wieder den Menschen Angst einflößten vor Gottes Gerechtigkeit und sein übergroßes Erbarmen nicht herausgestellt haben. Dies gilt freilich nicht für alle von uns, dennoch kann es für uns alle eine heilsame Lehre sein. Wir haben keinen Tyrannen als Gott, sondern einen Herrn, der barmherzig ist, und zwar derart, daß er sogar darauf verzichtet, die Sünder zu bestrafen. Die Begegnung mit ihm, im Tod, wird die große Befreiung unseres Lebens sein, eines Lebens, das wir zwar von anderen erhalten haben, das aber dennoch uns selbst in die Hand gelegt wurde als ein kostbares Gut, das wir Gott entgegenbringen sollten.

ENTFALTUNG

Der durch die Krise der Pubertät hindurchge-
schrittene junge Mensch hat mit dem eigenen
Selbst Fühlung genommen und sich seiner be-
mächtigt. Nun möchte ich versuchen, das *Idealbild
eines jungen Mannes* zu schildern. Da ich aber einem
solchen fast nie oder nur selten begegnet bin, halte
ich es für das einfachste, wenn ich die Gestalt eines
Jünglings schildere, wie sie uns in Dostojewskijs
Werk «Die Brüder Karamasoff» in Alexei Fedoro-
witsch Karamasoff vorgestellt wird. Vielleicht ist
dies ein Umweg, den zu gehen es sich aber wirklich lohnt.

Alexei wird im Roman immer als Aljoscha bezeichnet. Der Name ist nicht einfach ein Kose-
wort, sondern bringt etwas Tieferes nahe: Aljoscha trug in sich die Gabe, in allen Liebe zu
erwecken. Er ist der Lieblingsschüler des Starez
Sossima, eines tiefen und weisen Mannes. Aljoscha
war ein zurückgezogenes Kind. Er hat sich gern
abgesondert. Es ist auch eine andere Eigenschaft

von ihm bei Dostojewskij hervorgehoben: Aljoscha ist furchtlos. Wirkliche Furchtlosigkeit bedeutet bei Dostojewskij, daß der Kern eines Menschen dem Einfluß der schreckenden Dinge entzogen ist. Damit hängt ein weiterer Zug zusammen: Aljoscha trug Beleidigungen nie nach. Dem Beleidiger antwortet er bei der nächsten Begegnung, als ob nichts vorgefallen wäre. Dabei hatte er nie den Anschein, daß er absichtlich vergessen oder dem Beleidiger verzeihen wollte. Es geschah ganz harmlos, als ob er es gar nicht für eine Beleidigung gehalten hätte. Bereits in diesen vier Eigenschaften spüren wir etwas Unbedingtes: Dieser junge Mann ist liebenswert, still, furchtlos und nicht nachtragend. Durch die folgende Schilderung werden diese Eigenschaften noch mehr in die Sphäre des Religiösen gehoben.

Ein besonderes Charaktermerkmal Aljoschas ist die Selbstlosigkeit. Sie ist eine religiöse Eigenschaft: In Aljoscha ist Raum für das Du, ein Raum, worin der andere Mensch zum freien Dasein gelangen kann. Aljoscha unterscheidet zwar genau, was recht und unrecht ist, er stimmt nicht bei, wenn er es nicht kann, richtet aber nie. Wenn er nichts anderes zu tun weiß, dann geht er schweigend fort. Freilich – beim näheren Zuschauen – ist in diesem Nichturteilen bereits ein Gericht vorhanden: Durch die Klarheit seines Wesens bringt Aljoscha dem anderen den Unterschied zwischen Gut und Böse im konkreten Fall zum Bewußtsein. Dostojewskij spricht mit besonderem Nachdruck von der Keuschheit Aljoschas. Man hat den Eindruck, sein den letzten Wirklichkeiten verpflichtetes Wesen erträgt das Unreine nicht. Dabei lebt er gleichsam «in den Tag hinein». Wieder eine christliche Eigenschaft: «Sorgt euch nicht um den kommenden Tag.» Mit solcher Haltung «kommt er immer durch». Dostojewskij berichtet: «Er ist vielleicht der einzige Mensch auf der Welt, der, wenn man ihn plötzlich allein und ohne Geld auf dem Platze einer ihm unbekannten Millionenstadt ließe, weder verlorengehen noch vor Kälte oder Hunger sterben würde, denn man würde ihm sofort zu essen geben, ihm sofort alles verschaffen, ohne daß er sich auch nur anzustrengen brauchte oder sich erniedrigen müßte und ohne daß er dem Gönner zur Last fiele, im Gegenteil, man würde es sich noch zur Ehre anrechnen.» Selbstlosigkeit, Nichtverurteilen, Keuschheit und Armut. Wiederum vier wesentliche Eigenschaften des Christseins, in denen das Wesen dieses jungen Mannes aufblüht.

Vielleicht am weitesten führt uns Dostojewskij in das Wesen Aljoschas ein, indem er die Eigenschaft der Aufrichtigkeit in ihm darstellt. Aljoscha hat ein besonderes Verhältnis zur Wahrheit. In ihm wirkt eine Wahrheitskraft, die nicht nur nicht lügt, sondern positiv sagt, was Wahrheit ist. Diese positive Wahrheitsliebe drückt etwas Übermenschliches aus, das Engelhafte, und zwar das Engelhafte jenes Wahrheitswesens, welches die heilige Wahrheit «lebt»: des Cherubs. Aljoscha ist das lebendige Gewissen der anderen. Dennoch wird er geliebt. Er hat eine der größten Aufgaben in der Welt: Wahrheit zu sein für die anderen. Zwei weitere Charaktermerkmale: Aufrichtigkeit und Engelhaftigkeit.

Wir verstehen jetzt, weshalb Aljoscha im Roman Dostojewskijs besonders bedroht ist. Die Erschütterbarkeit Aljoschas wird des öfteren geschildert. Die Engelhaftigkeit bedeutet zugleich die Möglichkeit eines Falles. Fallen kann ja nur jener, der auf einer Höhe steht. Die positiven Eigenschaften, die ich bisher aufgezählt habe, sind Ausdruck einer Höhe und zugleich Zeichen eines möglichen Sturzes. Immer wieder kommen im Leben Aljoschas Stunden der Entmutigung und auch der Versuchung, ja vielleicht der Schuld. Hier möchte ich an zwei Sentenzen des Thomas von Aquin erinnern: «Alles Böse gründet in einem Guten und alles Falsche in einem Wahren» – «Gutes ohne Böses kann es geben. Böses ohne Gutes aber nicht». Erschütterbarkeit, Möglichkeit des Sturzes, Versuchung und Schuld. All das ist in diesem Idealbild des jungen Menschen miteinbeschlossen.

In dieser ganzen Schilderung sind die Möglichkeiten eines jungen Menschen enthalten. Er hat den Eindruck, die Welt sei ihm in ihrer Reinheit völlig offen und seine eigene Kraft sei unbegrenzt. Es ist der Eindruck des Unendlichen, eines noch nicht erprobten Beginns. All das wirkt noch um so heftiger, als das personale Sein noch unsicher ist. *Es fehlt ihm vor allem die Erfahrung der Wirklichkeit.* Es fehlt auch die für jedes Gelingen so grundlegende Haltung der Geduld. Diese Phase ist aber auch die Zeit, in welcher der Mut sich verwirklicht und Entschlüsse gefaßt werden. Diese bedeuten oft Wagnis. Auch Wagnis der Liebe. Die Liebe hat die Aufgabe, den jungen Menschen aus der Familie zu lösen und ihn dazu zu bringen, daß er selbst einen neuen Mittelpunkt des Lebens schafft. Später wird dieses Wagnis nicht mehr so leicht auf sich genommen. Auch hier liegen alle Möglichkeiten der Erfüllung, ebenso aber auch die der Täuschung und des Scheiterns.

Es wurde schon angedeutet, daß dieser Lebensphase etwas Wesentliches fehlt, nämlich die Erfahrung. Dies aus dem einfachen Grunde, weil dem jungen Menschen dazu Zeit und Gelegenheit gefehlt hatten, aber auch die innere Fähigkeit, das Geschehene zu verarbeiten. So ist der junge Mensch auf die Erfahrung der andern angewiesen, auch auf die Erfahrung der Erzieher und vor allem der Eltern. Aus der paradoxen Beschaffenheit des jungen Menschen, aus seiner Unbedingtheit und aus seiner Unerfahrenheit, kann eine große, vielleicht die größte Krise des Lebens erwachsen. In dieser Krise ist der Tod, möglicherweise in seiner eindrücklichsten Gestalt, bereits vorhanden.

Die Krise besagt: Ich stehe da; ich bin dem Leben ausgesetzt; ich möchte es bewältigen. Ich möchte gut sein zu den Menschen und aufrichtig. Wie schaffe ich es? Gebt mir bitte Antwort. Vielleicht aber nicht so, daß ich es als Antwort empfinde. Das würde mich beleidigen. Viel Erfahrung fehlt noch in meinem Leben. Viel Bedrohliches ist da noch mitenthalten.

Auch der Tod ist uns in solcher Weise nahe. Wir gehen ihm zwar offenen Sinnes entgegen. Wir wissen, daß der Tod uns alle erwartet. Dennoch ist er uns befremdend: Wir wissen nicht existentiell, worin er besteht, welche Bedrohung und welche Verheißung er uns entgegenbringt. Dennoch ist er uns nahe: Wir erahnen, daß der Tod uns nicht grundsätzlich bedrohen kann, weil wir bereits über den Tod hinaus sind. Dann: Wir sind unerfahren in Sachen des Todes. Der Tod trifft den Menschen nur einmal mit seinem Schrecken und mit seiner Verheißung. Ihn muß der Mensch, jeder Mensch unerfahren auf sich nehmen. Zwar hatten wir bereits Andeutungen von ihm erlebt, dennoch, sein Wesen blieb uns unbekannt. Aus Offenheit und Unerfahrenheit setzt sich unsere Erfahrung über den Tod zusammen. Dies möchte ich anhand von drei Erlebnissen verdeutlichen, die der junge Mensch in dieser Lebensphase hat: Berufswahl, Freundschaft und Liebe.

Berufswahl

Beruf ist eine Lebensaufgabe, etwas worin sich unsere Persönlichkeit entfalten sollte und womit wir den anderen dienen dürfen. Beides zu erreichen ist recht schwierig. Gibt es einen solchen Beruf? Für viele Menschen sicherlich. Für viele andere Menschen gar nicht. Im Beruf muß der Mensch zwar immer darauf schauen, daß er genug Geld verdient, um eine Familie ernähren zu können. Dies ist eine klare und wesentliche Voraussetzung. Dennoch müßte der Mensch seinen Beruf auch danach wählen, ob er in der Arbeit, die er ein Leben lang verrichten soll, wirklich Freude findet. Dies ist leider oft nicht der Fall. Viele Motive können für einen Beruf bestimmend sein, der gar nicht dem Wesen eines Menschen angemessen ist. Dann geht der Mensch einem Beruf nach, den er mißachtet. Selbst wenn das nicht der Fall ist, wird er bald erfahren, wie schwer es ist, in einem Beruf standzuhalten, wieviel Widerstände sich erheben, wieviel Mißtrauen aufkommt, wieviel Feindseligkeit vorhanden ist. Es ist sicherlich nicht leicht, einen Beruf, sei er gehoben oder einfach, zur Freude der andern zu erfüllen. Man ergriff den

Beruf mit so viel Elan. Einiges gelang, anderes gelang nicht. Man erfuhr Widerstände, und manches «klappte» einfach nicht. Dennoch muß man in diesem Beruf, abgesehen von einzelnen Ausnahmen, ein Leben lang ausharren. Der junge Mensch muß sich dessen bewußt werden, daß er dabei einen Entschluß für das Leben, das heißt, bis in den Tod hinein trifft. Als so Entschlossener wird er ein Leben lang leben. Dies ist wiederum eine Entscheidung der Grenze. Zwar gibt es immer wieder die Möglichkeit, diese Entscheidung zu revidieren, aber bei jedem Schritt wird der Entschluß schwieriger.

Eines müßte ich noch unbedingt betonen: In seinem Beruf, in der selbstgewählten Lebensaufgabe, sollte der Mensch den andern dienen. Zwar ist der Ausdruck «Dienst» bei vielen heute verpönt. Wie wichtig ist er aber für unser Leben. Dienst auszuüben ist eine vornehme Angelegenheit. Selbst der Papst nennt sich «Diener der Diener Gottes». Dies wäre seine wichtigste Aufgabe in der Welt. Christus kam nicht in die Welt, um sich bedienen zu lassen, sondern um andern zu dienen. Wenn wir bedenken würden, was alles mit dem «Dienst» verbunden ist an Selbstlosigkeit, Ehrlichkeit und

Uneigennützigkeit, würden wir das Dienen hochachten, es zu den größten Leistungen unserer Existenz zählen. Dabei müßten wir aber eines gut bedenken: Man hat oft den Eindruck, niemandem zu dienen. Hat man wirklich diesen Eindruck, dann gibt es nur zwei Möglichkeiten: Entweder läßt man die Finger davon und wechselt den Beruf, oder man sagt sich, diese Arbeit muß irgend jemand erfüllen, weil sie notwendig ist. Dann gilt es auszuharren. Dies ist manchmal recht schwierig, vor allem dann, wenn die Arbeit einen nicht erfüllt. Dabei stoßen wir wiederum an eine Grenze: Der Mensch muß oft sein Leben in einer «Tretmühle» verbringen, in einer Arbeit, für die ihm niemand dankt, die man als selbstverständlich hinnimmt. Er sollte gerade darin seine Erfüllung finden.

Dann kommt die Berufswelt. Auf einmal merkt der Mensch, daß da gar nicht so ehrlich, vielleicht sogar mit «gezinkten» Karten gespielt wird. Wie kann er in dieser Situation, die er für sich selbst gewählt hat, sein Leben bewältigen? Kann er seine Existenz in dieser Lage wirklich ausfüllen? Diese Frage kann – vielleicht oft uneingestanden – zum schwersten Problem unseres Lebens werden.

Freundschaft

Man begegnet einem Menschen, und man hat ihn gern. Mit einem Mal haben wir einen Freund. Dies könnte das entscheidende Ereignis in unserer Existenz sein. Freilich spreche ich hier nicht von bloßer Zuneigung oder von Kameradschaft. Diese sind zwar auch gut. Vielmehr spreche ich von einem wirklichen Freund, oder einer Freundin. Von einem Menschen also, dem man manchmal mehr als dem eigenen Ehemann oder der eigenen Ehefrau Vertrauen schenken darf, dem man alles sagen und dabei sicher sein kann, daß das Gesagte in einem guten Herzen bewahrt bleibt. Einen Freund oder eine Freundin zu haben, ist das größte Geschenk. Geschenk vor allem deshalb, weil der andere von uns nichts fordert. Dem Freund oder der Freundin genügt es, mit uns zu sein und unsere Zuneigung zu erwidern. Man müßte sich aber auch gelegentlich fragen: Wie oft habe ich einen Freund verraten? Wie oft habe ich ihm leere Antworten gegeben, die ihm nicht halfen? Wie oft hätte ich ihm gegenüber gütiger (in manchen Fällen vielleicht härter) sein sollen? Beides ist die Forderung der Freundschaft: Gütig sein, wenn ein

Mensch leidet; hart sein, wenn es darauf ankommt, daß er sich ins Unglück stürzt. Es ist eine Gnade Gottes, einem Freund beides sein zu dürfen, Güte und Härte zugleich.

Liebe

Der junge Mann und das junge Mädchen suchen in der Ehe zuerst ihr Glück. Was verstehen sie aber unter dem Ausdruck «Glück»? Es ist meist die Verlängerung ihrer Verliebtheit. Die Frau soll nun dem Manne alle seine Wünsche von den Augen ablesen, wie sie es als Braut tat. Und vom Mann erwartet die Frau, daß er ihr weiterhin «den Hof mache», wie er dies als verliebter Bräutigam tat. Aber der erste Rausch dauert nicht. Nach der Zeit der Verliebtheit treten an den Mann die harten Forderungen des Lebens heran, die ihn ernüchtern. Und die junge Frau will plötzlich nicht mehr die Rolle einer «Sklavin» übernehmen, obschon sie eine Zeitlang ihre Aufgaben freudig erfüllte. Wenn eine Ehe sich nur auf der sinnlichen Verliebtheit aufbaut, dann kann sie die gemeinsamen Erwartungen nur enttäuschen. Was nun erfahren wird, ist oft die unverhüllte Selbstsucht beider

Partner. Es ist nicht zu verwundern, wenn gerade in der Ehe gegensätzliche Haltungen aufeinanderprallen. Die Nähe des gemeinsamen Lebens läßt die Zurückhaltung zusammenbrechen. Die als Liebe sich ausgebende Verliebtheit entpuppt sich dann als krasser Egoismus. Hier liegt die Klippe, an der die meisten Ehen scheitern. Der Mensch (als einheitliches Wesen) kann die leibliche Hingabe nicht vollziehen, ohne daß seine persönliche Würde in Anspruch genommen wird. Wir sind und wir sind nicht unser Leib. Darum dürfte sich ein Mensch dem andern geschlechtlich nur dann schenken, wenn er auch gewiß ist, in persönlicher Liebe einer anderen persönlichen Liebe zu begegnen.

Die Einheit der Person allein ist die Grundlage einer glücklichen Ehe. Diese Einheit ist aber von besonderer Art. Die Person ist keine Sache und darf deshalb auch nie zum «Gegenstand» gemacht werden. Sie bindet sich an die Gleichheit der Beziehungen und Bestrebungen. Aber: Wie leicht fühlt sich die Frau vernachlässigt, wenn der Mann sich nicht darauf besinnt, daß er mit der Ehe die Pflicht übernommen hat, sich nicht so völlig von der Arbeit gefangennehmen zu lassen, daß er an seiner Frau wie an einer Fremden vorbeilebt. Allerdings sollte auch die Frau verstehen, daß ein Mann sich in seinen Unternehmungen auch erfüllt. Sie darf ihn deshalb nicht ungebührlich «festhalten». Die ernste Liebe wird doch all diese Unstimmigkeiten überwinden.

Jenes Individuelle, das sich in Berufswahl, Freundschaft und Ehe vollzieht, bedeutet für den Menschen etwas bis in den Tod Dauerndes. Dem Menschen stellt sich dabei etwas entgegen, das sein ganzes Leben bestimmt und von ihm manchmal das Letzte seines Daseins fordert. Versucht man diese Einsichten weiterzuentwickeln, kommt man zu der Folgerung, daß die erste Möglichkeit für eine ganzheitliche Umformung des Berufes, der Freundschaft und der Liebe sich erst im Augenblick des Todes bietet. Erst dort erklimmt der Mensch jene Kante des Seins, da ihn alles verläßt, was Gabriel Marcel als «Haben» bezeichnet hat. Er «hat» nicht mehr einen Beruf, einen Freund und eine Liebe, sondern ist all das geworden. Erst im Tod ist die ganzheitliche Hingabe möglich. Erst im Tod können wir vorbehaltlos ausgeliefert sein. Darum gehen die Freunde und die Liebenden so einfach und unberührt in den Tod hinein. Sie begeben sich ja nicht ins Fremde, sondern in den Innenraum der Freundschaft und der Liebe. Dies zu sehen und es zu bejahen, ist für den Menschen oft nicht leicht, aber wie bedeutend für die Deutung unserer Existenz und für das Standhalten in ihr.

GRENZE

Auf einmal tritt die Wirklichkeit ins Bewußtsein. Die Unerfahrenheit des jungen Menschen führte ihn oft zu Mißerfolgen im Beruf, in der Freundschaft und – was oft viel schlimmer ist – in der Ehe. Dabei hat er bemerkt, wie zusammengesetzt das Leben ist. Es heißt in der Welt immerfort: einerseits – anderseits. Mit einfachen Normen und Prinzipien kommt man nicht weiter. Was er auch immer aus der Unbedingtheit seiner Gesinnung heraus ändern will, erweist sich zäher als gedacht. Entmutigend kommt dem jungen Menschen zum Bewußtsein, was das heißt: Alltag und Durchschnitt. All diese Erfahrungen können verursachen, daß der junge Mensch «kapituliert». Daß er sich sagt: «Man soll sehen, wie man sich durchschlägt. Man soll sich eine Position schaffen. Man soll genießen, was genossen werden kann. Man muß sich durchsetzen.»
Dadurch mag eine schweifende Unruhe des Geistes eintreten. Sie ist jene Traurigkeit des Herzens,

die sich das Große nicht mehr zumutet. Sie erhebt sich überall dort, wo der Mensch seine Würde als Person abzuschütteln und sein wahres Selbst nicht anzunehmen versucht. Darin kann sich wiederum kundtun, was die mittelalterlichen Theologen als «Wortreichtum des Geredes» und als «Unstetheit des Entschlusses» benannt haben. Diese sind dann Zeichen einer Entwurzelung. Auch ein Zeichen dafür, daß der Mensch von sich selbst angewidert ist und daß er, gelangweilt von der Öde seines leergebrannten Innern, auf tausend vergeblichen Wegen die Fülle des Daseins sucht. Da spätestens müßte ihm bewußt werden: Einzig im Schweigen erschließt sich die Wahrheit, und einzig in der Ruhe ist eine neue Welt zu gestalten.

Zurückhaltung

Doch sollten wir auch sehen, daß dem nicht so sein muß und daß der Mensch in Zurückhaltung und in Ehrfurcht seinem eigenen Leben und dem Dasein der andern begegnen kann. Mit großem Genuß las ich immer wieder das Gedicht von Eduard Mörike *«Der Gärtner»*. Ich möchte es hier mit einer kurzen Deutung beifügen, weil es für mich Wesentliches zu meiner Interpretation dieser Lebensphase der Grenze beitragen mag.

«Auf ihrem Leibrößlein, / So weiß wie der Schnee, / Die schönste Prinzessin / Reit't durch die Allee.

Der Weg, den das Rößlein / Hintanzet so hold, / Der Sand, den ich streute, / Er blinket wie Gold.

Du rosenfarbs Hütlein, / Wohl auf und wohl ab, / O wirf eine Feder / Verstohlen herab!

Und willst du dagegen / Eine Blüte von mir, / Nimm tausend für eine, / Nimm alle dafür!»

In der ersten Strophe wird mitgeteilt: Eine Prinzessin reitet durch die Allee. Der Gärtner sieht sie. Es ist aber nicht «eine schöne Prinzessin», sondern die «schönste». Hierin verrät sich das Herz des Gärtners. Selbst das Rößlein ist «so weiß wie der Schnee». Die ganze erste Strophe, von der man meinte, sie gebe nichts anderes als einen Tatbestand, verrät das aufgeregte Herz des Gärtners. Was geht da vor sich? In der zweiten Strophe reitet nicht mehr die Prinzessin, sondern das Rößlein «tanzet hin». Noch ist alles versteckt. Doch kann sich die erste Person des Gesprächs nicht länger verschweigen. Das «Ich» steht da. Es ruft ihr entgegen: «Du.» Aber dieses «Du» darf nicht sein. Nur das «Hütlein» darf es sein. Die Frau bewegt sich fort, sie reitet weg. Der Abstand wird größer. Und da der lauteste Ruf: «Nimm tausend für eine, nimm alle dafür.» Ein Wunderstück der Diskretion, in welchem vom Rößlein, vom Hütlein die Rede ist und wo die Bilder und die Harmonie der Laute und die Regungen der Verse das eine Wort umstellen, behüten und es ungesagt sagen: «Geliebte Frau!»

Bescheidung

Ich weiß genau, daß eine solche kurze Deutung eines Gedichtes wenig Beweiskraft besitzt. Doch sollte sie hier auch nicht als Beweis angebracht werden, sondern eher als Illustration dessen, was ich nun sagen möchte und was sehr schwer zu sagen ist: Die Phase des Lebens an der Grenze ist die der Bescheidung.

Der Mensch entdeckt, was die «Wirklichkeit» ist, oder sagen wir es mit einem Fremdwort: *das Faktische*. Es ist jenes, das nicht sein muß, dennoch aber ist. Es ist etwas, das nicht aus Prinzipien abgeleitet und daher auch nicht von allgemeinen Grundsätzen her bewältigt werden kann. Damit entdeckt aber der Mensch auch jene Kraft, welche Vorbedingung alles dessen ist, was Erfolg und Verwirklichung heißt, die Geduld. Freilich kommt auch aus diesem Erlebnis oft die Erschütterung all dessen, was bisher für so fest und sicher gehalten wurde. Genau diese Erfahrung hat gefehlt. Von diesem Fehlen her ist aber sehr vieles irgendwie falsch geworden. Wird aber die «Geduld» nach und nach «erlernt» (ein mühsamer Vorgang), dann kommt die Überzeugung, daß es letztlich nicht darauf ankommt, in der Existenz «voranzukommen», Geld und Macht zu erwerben, sondern etwas Wertvolleres zu leisten: Aus sich selbst einen «rechten Menschen» zu schaffen. Möge der Leser diese Behauptung nicht als eine «abgedroschene Phrase» hinnehmen, sondern sich genau prüfen, ob die Aussage richtig ist. Sie enthält nämlich das Explosivste unseres Daseins. Es genügt vielleicht, einer Prinzessin aus der Ferne die Liebe anzubieten, obwohl man weiß, daß diese Liebe nie erwidert werden kann, ja daß es sogar unmöglich ist, sie zu erwidern.

Vielleicht ist es oft sogar unmöglich, diese Liebe auszusprechen. Wichtiger ist aber, die Liebe in sich zu tragen. Nach und nach erfährt man, was möglich und was unmöglich ist, was erreichbar und was unerreichbar. Man läßt sich am Ende nicht

mehr beirren. Man erahnt vielleicht, daß alle Ah-
nungen und Hoffnungen einmal ihre Erfüllung
haben werden, wenn auch nicht unmittelbar. Man
lebt dann – unbewußt vielleicht – in eine Zukunft
hinein, die theologisch Himmel heißt. Man *be-*
scheidet sich im Leben. Nicht weil man keine Sehnsüchte mehr hätte, sondern weil man weiß, daß alle
Sehnsüchte einmal erfüllt werden. Diese Haltung
ist sicherlich kein feiges Nachgeben, sondern eher
das Gegenteil davon. Es ist sogar jene «ungestüme
Hoffnung», die auf Erfüllung nicht verzichten
will, weil sie darauf nicht zu verzichten vermag.
Solche Hoffnung «schiebt» nur die Erfüllung ein
wenig hinaus, weil sie weiß, daß in diesem irdischen Leben oft die Erfüllung unmöglich ist. Das
aber nicht für immer.

«*Mut zur Demut*»

Im Grunde bedeutet die Erfahrung der Grenze,
daß der Mensch sich ehrlich sagt: Nichts ist voll-
kommen. Und sicherlich auch: Nicht alles kann
im Leben erreicht werden. Vielleicht hatten wir
keinen Erfolg im Beruf, oder Freunde haben uns
verlassen. Möglicherweise haben wir Schwierig-

keiten in unserer Ehe. All das aber hätte anders werden können. Der Mensch muß sich also bescheiden,
das annehmen, was sein Schicksal ihm zugedacht
hat. Sein Dasein ist jener schmale Streifen Frucht-
lands, auf dem er noch leben kann und soll.
Wenn dieses Leben weitergehen sollte, muß man
genau hier, in dieser Phase den «Mut zur Demut»
aufbringen. Der Mensch sollte sich sagen können,
daß in seinem Leben nicht viel gelang, daß er vielleicht in vielem versagt hat, daß ihm dieses Leben
nicht so recht gefallen hat. Es ist vielleicht nicht
jenes Dasein gewesen, das er sich ausgewählt hätte.
Trotzdem ist es seine eigene Existenz, ihm von
Gott geschenkt, damit er sie bewältige. Menschen
ohne «Mut zur Demut» haben ihr Leben irgendwie verpaßt. Sie haben sich nicht zu jenem Wesen
gestaltet, das Gott mit ihnen vorhatte. Vielleicht
aus Schwäche. Zugegeben: Gott hat menschliche
Schwäche nie verurteilt. Er möchte aber, daß wir
uns zu Menschen gestalten, die das Eigentliche erschaut haben und darin standhaft bleiben. Sind wir
dennoch schwach, verschließt Gott sicherlich seinen Himmel nicht vor uns. Auch dem Schächer
sagte er: «Heute noch wirst du mit mir im Para-
diese sein.»

Aus dem in den Alltag hinein vollzogenen Mut zur Demut erwächst dann eine neue Existenzweise. In ihr geschieht ein Aufbruch zur Gottesgemeinschaft im Kern des Seins der Welt. Diese Daseinsweise wurde von einem Menschen, Pedro Ribadeneira, in den folgenden kernigen Sätzen beschrieben, mit denen er den Beruf des Jesuiten (sie gelten aber auch für alle Christen ausnahmslos) zu definieren suchte: «Unser Beruf verlangt Menschen, die der Welt gekreuzigt sind und denen die Welt gekreuzigt ist. Menschen, die sich von den eigenen Neigungen entblößten, um Christus anzuziehen. Die sich selbst starben, um der Gerechtigkeit zu leben. Menschen, die nach dem Wort des heiligen Paulus, unter Mühen, Wachen und Fasten, in Reinheit, Erkenntnis, Langmut und Güte, im Heiligen Geist und in wahrer Liebe, im Wort der Wahrheit sich als Diener Gottes erweisen. Menschen, die mit Waffen der Gerechtigkeit zur Rechten und zur Linken, bei Ehre und Schmach, bei Schmähung und bei Lob, im Glück und im Unglück große Wege zum himmlischen Vaterland zurücklegen und auch andere mit allen erdenklichen Mitteln und Mühen mitreißen, immer die größte Ehre Gottes suchend.»

In einer solchen Haltung tritt dem Menschen bereits der Tod entgegen. Diesmal vielleicht am deutlichsten im Zeichen des Kreuzes. Wenn ich nun für mich persönlich sprechen dürfte, würde ich sagen: Ich glaube an Christus, weil er ein mißhandelter und gekreuzigter Gott ist. Und ich glaube an die Wahrheit seines Wortes, weil Christus es durch die Signatur des Kreuzes beglaubigt hat. Von nun an wird jegliche Wahrheit immer in dieser unbequemen Stellung sein. Und ich glaube auch, daß dies das zentrale Geheimnis des Christentums ist. Gerade in der Demut wird der Mensch mit diesem Kreuz konfrontiert, und zwar dem Kreuz des Todes. Die Demut bedeutet auch, den Tod als das wesentlich zum menschlichen Leben gehörende Geheimnis anzunehmen. Diese schlichte Entgegennahme, die in dieser Phase des Lebens eingeübt wird, bedeutet vielleicht die größte Tat menschlicher Existenz. Sie ist ein schlichtes «Ja» dem Leben und dem darin bereits miteinbeschlossenen Tod gegenüber.

Das menschliche Dasein hat die Bauform des Werdens. Existentiell ist der Mensch immer ein «viator», was bekanntlich Wanderer, Landgänger, Wallfahrer, Pilger bedeutet. Nach Pascal «sind wir nicht, wir hoffen zu sein». Nach Sartre besteht das Leben «aus Erwartungen von Erwartungen, die selber auf Erwartungen warten». Bei Ernst Bloch gelangt diese Einsicht zur schlichten Formulierung: «Das Eigentliche ist im Menschen wie in der Welt ausstehend, wartend.» Das «Sein-zum-Tode» läßt sich nach Heidegger in folgenden Bestimmungen umgrenzen: «Der Tod als Ende des Daseins ist die eigenste, unbezügliche und als solche unbestimmte, unüberholbare Möglichkeit des Daseins.» Dies alles wollte ich dem Leser nur einschärfen, damit er wieder mit meiner ursprünglichen Einsicht konfrontiert wird: Das Dasein kämpft sich voran, und darin ereignet sich bereits im Leben ein Kampf mit dem Tod.

Versuchen wir nun noch einmal zusammenzufassen, wie nach den bisherigen Untersuchungen der Tod im Leben anwesend ist: Ausgesetztsein, Sehnsucht, Gottunmittelbarkeit, Verlorensein, heiterer Ernst, Abstandnehmen, Angst, Hingabe und schließlich Mut zur Demut. Sehen wir nun zu, ob die gleiche Heimholung des Todes in das Leben auch bei den nächsten Phasen des Lebens gelingt.

Nun entwickelt sich jenes, das Persönlichkeit heißt. Eine innere Festigkeit entsteht, die aber keineswegs mit Verhärtung zu verwechseln ist. Sie ist vielmehr ein Zusammenschluß der Eigenschaften des Lebens, des lebendigen Denkens, des Fühlens und des Wollens. Besondere Werte treten hervor, vor allem jener Wert, der alles beherrscht, die Zuverlässigkeit. Im Grunde bedeutet diese, daß die Zeit Verwandtschaft mit dem Ewigen hat, ja daß die Zeit baut, trägt und fortführt. Der Mensch entdeckt, daß er in diesem Leben gründen und verteidigen kann. Um wirklich Mutter und Vater zu sein, genügt es nicht, gebären und zeugen zu können. Es gehört dazu die innere Festigkeit, die stille Kraft des Festhaltens, aus dem sich ergibt, was Heim und Familie heißt.

Sakrament der Ehe

In diesem Zusammenhang möchte ich drei Texte des Thomas von Aquin anführen, die uns Aufschluß darüber vermitteln, was «Sakrament» der Ehe bedeutet:

«Bei denen, die selber das geistliche Leben fortpflanzen und ordnen, ist zweierlei zu beachten: Nämlich der natürliche Ursprung – das betrifft die Eltern; und die politische Herrschaft, durch welche das Leben der Menschen in Frieden gehalten wird – das betrifft die Könige und Fürsten. So ist es auch im geistlichen Leben. Es sind nämlich einige, die das geistliche Leben fortpflanzen und erhalten, einzig gemäß dem geistlichen Dienst: Hierauf bezieht sich das Sakrament der Priesterweihe; andere aber gemäß dem Leiblichen und Geistigen zugleich: Hierauf hat das Sakrament der Ehe Bezug, durch das Mann und Weib sich verbinden, um Kinder zu zeugen und sie zu erziehen zum Dienste Gottes» (Summa theologica III, 67, 1 ad 2). In diesem erstaunlichen Text wird eine Beziehung gesehen zwischen Königen, Fürsten, Priestern, Mann und Ehefrau. Ich meine, wohl deshalb, weil alle vor Gott die gleiche Würde haben und es letztlich schwer auszumachen ist, wem da ein Vorrang gebührt, falls es im christlichen Leben überhaupt einen Vorrang geben kann. Dann der zweite Text:

«Der Güter der Ehe, sofern sie ein Sakrament der Kirche ist, sind drei: Die Kinder, die zum Dienste Gottes aufzunehmen und zu erziehen sind; die Treue, sofern sich ein Mann einer Gattin verbindet; das Sakrament, sofern die eheliche Verbindung unauflöslich ist, zum sakramentalen Zeichen der Vereinigung Christi mit der Kirche» (Summa contra gentes 4, 78). Kinder, Treue, Vereinigung Christi mit der Kirche: Thomas von Aquin erwähnt hier drei Dimensionen der Ehe. Die Kinder, die ja ohne Liebe nicht geboren werden können, stehen da im Vordergrund. Dann die Treue, die ja auch aus der Liebe hervorgeht. Schließlich die Vereinigung Christi mit der Kirche, deren Symbol die Ehe sein soll und die auch ohne Liebe undenkbar wäre. So steht als tragender Grund aller erwähnten Güter der Ehe die Liebe der Eheleute zueinander gleichsam als Vorbedingung.

Schließlich: «Weil die Sakramente das bewirken, was sie zeichenhaft bedeuten, müssen wir glauben, daß den sich Vermählenden durch dieses Sakrament die Gnade zuteil wird, kraft deren sie zur Einheit Christi mit der Kirche gehören; dies aber ist ihnen aufs höchste notwendig, damit sie den Dingen des Fleisches und der Erde auf solche Weise sich zuwenden, daß sie von Christus und der Kirche nicht getrennt werden» (Summa contra gentes 4, 78). In diesem dritten Text wird die Einheit hervorgehoben: Die Einheit zwischen Christus und der Kirche, die Einheit der Eheleute untereinander und schließlich die Einheit zwischen leiblicher Liebe und seelischem Aufschwung.

Zusammenfassend dürfte ich (nach Thomas von Aquin) das Sakrament der Ehe folgendermaßen definieren: Es ist eine Gemeinschaft zwischen Mann und Frau, die in der leiblichen und seelischen Liebe zusammengefügt ist, deren Frucht die Kinder sind, die nicht nur geboren, sondern erzogen werden sollen zum Dienst Gottes; in dieser Gemeinschaft erweist sich die Liebe als Treue; sie stellt die Eheleute dermaßen allen Christen, seien sie Könige, Fürsten oder Priester, gleich, daß man nicht mehr sagen kann, wer unter ihnen den Vorrang hat; durch diese Verbindung ereignet sich ein symbolhaftes Geschehen, die Darstellung der Liebe Christi zur Kirche und der Vereinigung beider in der Liebe.

So verschieden man auch die Liebe definieren mag, ein Element kehrt in allen Bestimmungen und Beschreibungen wieder: Die Einswerdung.

Was im Grunde in der Liebe geschieht, ist, daß aus Zweien sozusagen eine Person wird. Ich habe das Wort «sozusagen» ausdrücklich in den Satz hineingenommen, weil die Einswerdung in der Liebe die Verschiedenheit und die Selbständigkeit voraussetzt. Genau bei diesem Punkt muß ich aber einen Gedankengang einschalten, der außerordentlich wichtig ist für die Beurteilung dieser Phase des Lebens. Ich möchte ihn als Frage formulieren:

Wer ist ein reifer Christ?

In seiner Enzyklika «Mystici Corporis» sagte Pius XII.: «Man darf nicht glauben, der Aufbau des Leibes Christi beziehe und beschränke sich allein auf die Stufenfolge kirchlicher Ämter. Die mit besonderen Rechten und Pflichten ausgestattete Gewalt stellte zwar Christus als Grundlage der Kirche auf. Aber er lenkt und leitet auch unmittelbar die von ihm begründete Gemeinschaft. Er herrscht nämlich im Geist und in den Herzen der Menschen und sorgt so nicht nur für die einzelnen, sondern auch für die Gesamtkirche.» Damit ist klar ausgesprochen, daß die Gesamtkirche von Gott nicht nur «mittelbar» (durch die Ämter der

Kirche), sondern auch «unmittelbar», durch das Einwirken des Heiligen Geistes auf die einzelnen Gläubigen geführt wird. Diese einzelnen Gläubigen können Amtsträger sein oder nicht, Zölibatäre oder Verheiratete. Dennoch leitet der Heilige Geist durch sie die Gesamtkirche. Demnach kommt der Kirche eine zweifache Leitung durch Gott zu: Die eine «mittelbar» durch die kirchlichen Ämter, die andere «unmittelbar» durch die Gaben, die der Heilige Geist den einzelnen zuteilt. Immer müssen beide vorhanden sein. Und tatsächlich gab es immer beide.

Vor allem in Zeiten der die Kirche in Mitleidenschaft ziehenden Krisen hat sich die Erneuerung meist zuerst von «unten», von den einzelnen her verbreitet. Es stand ein Heiliger auf, wie etwa ein Franz von Assisi, und sammelte Jünger um sich. Die amtliche Kirche zögerte oft lange mit der Billigung, gewährte sie aber schließlich und regelte den Strom des neuen Lebens. Viele Reformen der Kirche nahmen von Laien ihren Ausgang. Das Mönchtum bis Benedikt ist nicht auf eine Initiative der Hierarchie zurückzuführen; Franziskus war ein Laie; Ignatius von Loyola und seine ersten Gefährten (mit Ausnahme von Peter Faber) waren

Laien; die heutigen Säkularinstitute sind in ihrem Ursprung keine Gründung oder Idee der Amtskirche gewesen.

Leider hat die Kirche diese Lehre des Papstes oft nicht genug beachtet. So entstand leicht ein Zerrbild der Kirche: Ein in Glaubenssachen unfehlbarer Papst an der Spitze, ohne die Möglichkeit der Berufung bei einer höheren Instanz, wenn er sein Amt mißbrauchen sollte, und von da ein Befehlsapparat bis hinunter zum letzten Kirchenmitglied, das ständig wird lauschen müssen, welches die augenblicklich einzuhaltende «Linie» ist. Der beste Katholik wäre demnach jener, der seine Eigeninitiative am vollständigsten in den Dienst der «von oben kommenden Direktiven» zu stellen weiß. Ein solches Zerrbild des Katholizismus ist für uns heute unerträglich. Es kann hier gewiß nicht darum gehen, an der Unfehlbarkeit des Papstes Abstriche machen zu wollen. Das hindert aber nicht, zuzugeben, daß die Definition der Unfehlbarkeit ergänzungsbedürftig ist. Es fragt sich auch, ob die päpstliche Unfehlbarkeit nicht von der Gesamtkirche her zu deuten sei. Daß also in einem wirklichen Sinn auch die Zustimmung des Weltepiskopats zum Wesen einer unfehlbaren päpstlichen Entscheidung gehöre, und daß der Papst nur deshalb unfehlbar sei, weil die allgemeine Zustimmung der Gläubigen kein Irrtum sein kann. Nicht die Kirche muß vom Papst her gesehen werden, sondern der Papst von der Kirche her.

Die Katholiken sind gewohnt, das Zeugnis des Heiligen Geistes durch die Kirche in der Unfehlbarkeit der gesamten lehrenden Kirche (das heißt der Bischöfe, wenn sie in Glaubenssachen übereinstimmen, oder des Papstes, wenn er als Haupt der Gläubigen in Sachen der Sitte und des Glaubens eine Wahrheit feierlich als geoffenbart bezeugt) zu sehen. Wir tun zwar recht, wenn wir hierbei das Wirken des Heiligen Geistes sehen. Wir tun aber nicht recht, wenn wir es nur hier sehen. Man muß die Unfehlbarkeit der Kirche in einem größeren Komplex betrachten. Dieser größere Komplex ist aber das selbständige Zeugnis des Heiligen Geistes im Gesamt der Kirche und in jedem einzelnen Christen. Der Heilige Geist kam auf alle im Abendmahlssaal Versammelten herab. Dort waren aber auch Frauen, die Verwandten Jesu und andere. Sie alle redeten, wie der Heilige Geist ihnen eingab, jeder nach seiner individuellen Gnade, nach seinem eigenen Charisma.

«Charisma» ist jene Einwirkung des Heiligen Geistes auf den einzelnen Gläubigen, die vom Menschen her niemals erzwingbar, von den amtlichen Organen der Kirche nicht voraussehbar, durch die Sakramente noch nicht gegeben ist und dennoch zum notwendigen und dauernden Wesen der Kirche gehört. Es gibt Heilssituationen – Karl Rahner betont dies immer wieder – in denen weder die allgemeinen dogmatischen und moralischen Prinzipien noch eine konkrete Analyse der geschichtlichen Gegebenheit uns sagen können, was tatsächlich der Wille Gottes unter den vielen Möglichkeiten ist. In solchen Fällen muß sich der einzelne Christ unter die unmittelbare gnadenhafte Einwirkung des Heiligen Geistes stellen. Ignatius von Loyola fordert in der fünfzehnten Anmerkung des Exerzitienbüchleins den Exerzitienmeister auf: «Sinat Creatorem cum sua creatura, et creaturam cum suo Creatore immediate operari» – er soll den Schöpfer mit seinem Geschöpf und das Geschöpf mit seinem Schöpfer unmittelbar verkehren lassen. Wenn es eine solche private Sphäre des Charismatischen innerhalb der Kirche gibt und wenn der einzelne wesenhaft gemeinschaftsbezogen ist, dann muß es auch soziale Verbindungen innerhalb dieser charismatischen Sphäre geben. Daraus ergibt sich, daß das dem einzelnen von Gott unmittelbar gegebene Charisma auch auf andere einwirken kann und soll, ohne damit einen Teil der Organisation der Kirche auszumachen. Wenn zum Beispiel einige Christen miteinander beten, wenn einer den andern erbaut mit einem geisterfüllten Wort, wenn er ihn in der Kraft des Heiligen Geistes tröstet, dann ist das ein Werk, das durch keine kirchliche Organisation ersetzt werden kann oder darf.

Zeugnis

Wenn es solche unmittelbare Wirkungen des Heiligen Geistes in der Lebensgeschichte eines jeden Christen gibt, dann muß der einzelne die Wirkungen Gottes in seiner eigenen Existenz erkennen können. Die Kirche kann ihm diese Last und Verantwortung nicht abnehmen. Sind aber die Christen vorbereitet, Gottes Eingebungen im eigenen Leben zu prüfen? Es müßte dem einzelnen, mündigen Christen klargemacht werden, daß die individuelle Seelenführung, das Horchen auf die Stimme des Heiligen Geistes und vor allem die Unterscheidung der Geister keine «schöngeistigen» Übungen sind, sondern die Formen, die christliche Geschichte in die führende Hand Gottes zu überantworten. Es genügt nicht, ein frommer, rechtschaffener und gehorsamer Christ zu sein, um die heilsgeschichtliche Aufgabe zu erfüllen. Der Christ ist beauftragt, jenes Mehr zu leisten, das sein Leben in eine Transparenz Gottes umwandelt.

Aus dem Gesagten geht hervor, daß der einzelne Christ jeweils die Weise und das Gebiet seines Zeugnisgebens selber finden muß. Der Seelenführer kann dabei lediglich eines tun: In den einzelnen Christen jene Aufgeschlossenheit entwickeln, die das Kommen des Geistes bemerkt und diesen Geist bereitwillig aufnimmt. Was ist nun die Struktur dieser charismatischen Aufgeschlossenheit, oder einfacher gesagt, der Existenz eines reifen Christen? Paulus schildert in seinem Römerbrief die Gestalt des reifen Zeugen Christi folgendermaßen: «Im Reich Gottes geht es um Gerechtigkeit, Frieden und Freude im Heiligen Geiste» (Röm 14,17). Vier Begriffe werden da genannt, die ich für die wesentlichen Eigenschaften eines reifen Christen halte: Reich, Gerechtigkeit, Frieden und Freude. Ich möchte zu jedem Begriff einen kurzen Kommentar geben.

Reich Gottes ist der Bereich, in dem Gott herrscht. Gott kann aber nur durch Menschen herrschen, durch die seine Kraft in die Welt gelangt, die also «durchsichtig» geworden sind für das Göttliche. Charles Péguy sagte einmal: «Es genügt nicht, das Zeitliche herabzusetzen, um ins Ewige zu gelangen. Es genügt nicht, die Natur herabzusetzen, um sich zur Gnade zu erheben. Es genügt nicht, die Welt herabzusetzen, um sich zu Gott zu erheben. Weil man nicht die Kraft und die Gnade hat, natürlich zu sein, glaubt man oft, begnadet zu sein. Weil man keinen Mut für das Zeitliche hat, glaubt man oft, man sei zum Ewigen durchgestoßen. Weil man nicht den Mut hat, an Menschen teilzuhaben, glaubt man oft, göttlich zu sein. Weil man niemanden liebt, glaubt man, Gott zu lieben.» Mit diesem Zitat wollte ich lediglich die charismatische Gottdurchsichtigkeit in einem Gegenbild darstellen. Der transparente Mensch ist offen geworden für Gott. Er ist zur «Türe» geworden, durch welche Gottes Macht in die Welt einströmen kann.

«Durchlässigkeit» für Gott, das ist die erste und wichtigste Voraussetzung für das Reich Gottes. Es gibt ein Begebnis, worin diese demütige Durchlässigkeit für Gott wunderbar zu Tage tritt. Als der Heilige Franziskus die lange Einsamkeit auf dem Berge La Verna durchlebt, die Stigmata von Christi Leiden an seinen Händen, Füßen und in seiner Seite empfangen hatte, kehrte er zurück zu den Seinen. Da kamen die Menschen und küßten die Male seiner Hände. Früher hätte Franziskus diese Verehrung zurückgewiesen, er wäre darob erschrocken gewesen. Jetzt aber ließ er es gewähren, denn er hatte das Gefühl, nicht mehr er, sondern die Liebe Christi in ihm sei gemeint. Das äußere Selbst zählte nicht mehr. Da leuchtete Franziskus, aber nicht der Mensch, sondern jener, der sich selbst gar nicht mehr kannte, der einfach ganz offen für Gott war.

Die zweite Eigenschaft des reifen Christen sieht Paulus in der «Gerechtigkeit». Der Ausdruck reicht weit darüber hinaus, was er im heutigen Sprachgebrauch beinhaltet. Unter anderm wird darin ausgedrückt: Der Mensch soll nach den Geboten Gottes handeln und die Menschen nicht verurteilen. Dieses «Nicht-Verurteilen» besagt im Grunde auch, daß der Mensch das andere Sein freigebe zu dem, was er wirklich ist. Daß er den anderen Menschen nicht mit dem Blick des Egoismus betrachte, aus eigenem Interesse ihm vorschreibe, wie er zu sein habe. Darum geht es, daß er mit dem Blick der Freiheit ihn anschaue und zuerst sage: Sei, der du bist. Erst dann hat der gerechte Mensch das Recht zu fragen: Nun darf ich wissen, wie du bist und warum. Bei der christlichen Gerechtigkeit handelt es sich um eine besondere Lebendigkeit der gesamten Existenz von der Gnade Gottes her. Sie erfordert eine lange und geduldige Einübung in das Göttliche. Dadurch gelangt der Mensch zur Verwandtschaft mit Gott.

In dieser Perspektive scheint mir die Annahme jener Theologen richtig zu sein, die behaupten, daß der Mensch erst in der Mystik seine Bestimmung erreicht. Im Vertrauen sollte der Mensch über Christus und über seine eigene Beziehung zu Gott nachsinnen und das Erkannte ins Leben umsetzen. Erst ein solcher Umgang mit Gott macht den Menschen zum wirklichen Zeugen. Wer so lebt, der ist «fromm» im wahrsten Sinne des Ausdrucks. Er lebt unter Gottes Augen; er sieht sogar mit Gottes Augen. Ob er freilich ausdrücklich darum weiß, was Mystik bedeutet, spielt dabei keine Rolle.

Die dritte Eigenschaft des reifgewordenen Christen heißt bei Paulus: *Frieden*. Auch diesmal kann ich nur Randbemerkungen machen und den Inhalt dieses biblischen Begriffes nicht erschöpfen. Einen kleinen, aber kostbaren Rat möchte ich den Lesern dabei geben. Zum Frieden braucht man Langmut. Auch mit sich selbst muß man Langmut haben, um Frieden ausstrahlen zu können. Wir haben alle schon beobachtet, wie erfahrene Leute Berge ersteigen. Wie sie einen ruhigen und regelmäßigen Schritt haben und diesen auch durchhalten während des ganzen Aufstiegs. Wenn der Nebel kommt, wartet der Bergsteiger. Er hüllt sich in eine mitgebrachte Decke, läßt sich, vielleicht ruhig seine Pfeife rauchend, nieder und geht erst weiter, wenn der Nebel gestiegen ist. Die Wüstenwanderer – so hat man mir berichtet – haben eine andere Methode. Wenn unvorhergesehene Sandstürme kommen, was soll man dann tun? Man steigt einfach vom Kamel ab, wirft sich mit dem Gesicht in den Sand und bedeckt den Kopf mit dem Mantel. So bleibt man liegen, vielleicht stundenlang. Der Sandsturm geht vorüber und man reitet weiter.

Auch bei den inneren «Nebeln» und «Sandstürmen» kommt es darauf an, keine Schlüsse zu ziehen, keine Entscheidungen zu treffen. Während solcher Krisen sollte man nichts ändern, vor allem nicht gewaltsam eine religiöse Stimmung wecken. Eher sollte man sich zwanglos anderen Dingen zuwenden, eine Haltung der Ergebenheit einnehmen und vor allem mild, sehr mild mit sich selbst und mit den anderen sein. Die Krise geht dann von selbst vorüber. Eines dürften wir aber dabei nicht vergessen: Das charismatische Friedenstiften ist immer Mitleid mit einem Elend, an dem wir selber teilhaben. Es ist immer die demütige Haltung eines Kleinen.

Abschließend die vierte Eigenschaft der charismatischen Reife des Christen: *Freude*. Gemeint ist hier wohl eine vorbehaltlose Hinwendung zum anderen Sein. Diese Vorbehaltlosigkeit macht unser Dasein anziehend. Freude heißt in der Bibel immer wieder auch Schönheit, Anmut und Lieblichkeit. Für das christliche Seinsverständnis steht am Ende alles Sagbaren eine Ahnung reinen, gelösten und blühenden Daseins. Freude und Schönheit sind die Art und Weise, wie das Sein für das Herz an Gesicht gewinnt. Dabei wird die charismatische Aufgabe des Christen deutlich: Daß er der Welt beweist, daß im tiefsten nur jener liebesgewaltig ist, der in Frieden mit Gott und mit seinen Mitmenschen lebt. Die übernatürliche Schönheit der Freude, die selbst in einem nach unseren Maßstäben «häßlichen» Menschen aufleuchten kann, ist ein wesentliches Element christlichen Zeugnisgebens.

Nun aber gilt es, darüber nachzudenken, auf welche Art der Tod in einem «reifen Christen» bereits anwesend ist. Der reife Mensch ist zurückhaltend in seinen Urteilen und in seinen Entscheidungen. Er weiß, welche Bedeutung eine persönliche Stellungnahme hat. Er weiß auch, daß er gewisse Entscheidungen auf sich nehmen muß, selbst wenn diese ihm schwerfallen. Dadurch ist in seinen Handlungen bereits ein Unbedingtes vorhanden. Der Mensch weiß um die Unwiderruflichkeit seiner Taten. Er erfährt auch das Gute und findet sich darin erfüllt. Das Gute ist jedoch ein lebendiger, von Gott her strahlender Reichtum. Das alles stellt den Menschen einem Absoluten entgegen, so daß er empfindet: Ich bin von einem Unbedingten eingefordert; ich bin in Pflicht genommen durch etwas, dem ich nicht ausweichen kann; in meinen Handlungen will Gott selbst sich darstellen. Selbst in meiner schlichten Höflichkeit ist derjenige anwesend, der seine ganze Schöpfung in Ehren hält, der nicht zwingt, nicht schreckt und nicht verführt. Von einem Wesen, dessen Zartheit oft erschütternder ist als seine Allmacht. Zudem hat ein solcher Mensch bereits die Erfahrung der Liebe und sieht, wie schwer und gleichzeitig wie bedrückend es ist, sich selbst aufzugeben. Diese Situation bedeutet einfach: vorgreifend im Tod zu stehen.

Derart (einerseits) vom Absoluten in Anspruch genommen zu sein und solcherart (andererseits) in der Liebe zu stehen, ist nicht möglich, ohne daß der Mensch einer Begegnung entgegengeht, die ihn restlos in Pflicht nimmt und die gleichzeitig seine ganze Liebesfähigkeit herausfordert. Hier öffnet sich der Horizont des Todes. Freilich möchte ich nicht behaupten, daß ein Mensch, der nicht um Gott weiß, eine solche Haltung nicht nachvollziehen kann. Selbst dies wäre für mich ein Hinweis, daß auch ein solcher Mensch sich unbewußt Gott ausgeliefert fühlt. Sicherlich kommt es nicht darauf an, «Gott» als Gott zu benennen, seine Eigenschaften aufzuzählen. Vielmehr handelt es sich dabei um eine «Einstellung zum Sein», zu einem Sein, dem man wohlwollend gegenübersteht, und dem man sich verpflichtet fühlt. In diesem «Verpflichtetsein» ist für mich der Tod bereits im irdischen Leben anwesend. In diesem Sinne möchte ich behaupten, daß in einem wirklich reifen Menschen die letzte Begegnung mit Christus schon vorgebildet ist.

MINDERUNG

Nach der Lebensphase der Reife setzt wieder eine Krise ein. In ihr wird vor allem die Vergänglichkeit spürbar. Der Bogen des Lebens senkt sich allmählich. Der Mensch versucht, sich dagegen zu wehren. Dabei gerät er in die Versuchung, die ich die «Krise der Erstarrung» nennen möchte. Auf vielerlei Weise kann der Mensch einem solchen Zustand verfallen. Ziemlich willkürlich möchte ich diese Phase in vier Abschnitten behandeln. Erstens:

Beschreibung der Minderung

Der Mensch kann versuchen, sich im Raum der Dinge endgültig anzusiedeln: Durch Besitz, Geld, Schmuck und gutes Leben. Wenn aber in der Zeit der Fülle nicht eine innere Freiheit entsteht, dann hat der Mensch eine große Stunde verpaßt. Die innere Fixierung ist die gefährlichste Erstarrung. Der Mensch macht halt. Er greift nicht mehr «nach den Sternen», sondern fertigt aus all dem, was in

ihm als Sehnsucht noch lebendig ist, wohlabge-
zählte Übungen und genaue Überlieferungen.
Alle Wahrheiten scheinen schon gefunden zu sein.
Man braucht die Mühe und die Gefahr des Suchens
nicht mehr auf sich zu nehmen. Eine letzte, grau-
same Verhärtung kann dem Menschen widerfahren durch das Erleben des eigenen Schicksals. Oft
ist eine solche Erstarrung nichts anderes als innere
Abwehr gegen den Schrecken des Lebens. Was
und wer kann in solchen Krisen einen Menschen
von innen her frisch erhalten und ihn befähigen,
weder der Versuchung der Dinge, noch der eigenen Müdigkeit, noch dem harten Schicksal zu un-
terliegen?
Ich muß in diesem Zusammenhang darauf hinweisen, daß der heutige Mensch diese Lebenskrise
doppelt heftig erlebt. Vorerst möchte ich dafür
einen geschichtlichen Grund anbringen: den bürgerlichen Lebensstil. Dieser hat einmal seine Größe
und Sendung gehabt. Immer schon war er aber
gefährdet, weil seine Größe mit der menschlichen
Schwäche im Bündnis stand. Dem Menschen war
die Möglichkeit gegeben, daß er die Güter, die er
brauchte, so sehr an sich riß, daß er in ihnen verhaf-
ten blieb. Unversehens geschah folgendes: Der

Sinn für Verantwortung starb, und übrig blieben nur Hunger und Durst nach Ruhe und Bequemlichkeit. Übrig blieb ein Mensch, vor dem selbst der Geist Gottes ratlos steht. Gegen diesen Bürger-Sinn ist schwer anzurennen. Leider muß ich sagen, daß selbst die modernen Bewegungen, bis hin zum Marxismus, im Grunde auch einen gut bürgerlichen Lebensstil begründen möchten.

Darüber hinaus muß ich hier eine Art Anklage erheben – in aller Zurückhaltung und Bescheidenheit – gegen die bürokratische Kirche. Diese Kirche hat ihren eigenen Beitrag geleistet zu einer Erstarrung des Menschen, die großenteils das Werk des bürgerlichen Menschen innerhalb der Kirche war. Dieser Mensch hat nicht versäumt, sich in der Kirche breitzumachen. Man muß dieser Tatsache offen ins Auge sehen. Daß es kirchliche Verwaltung, Behörden und anderes mehr geben muß, daran darf niemand – wohl oder übel – etwas ändern. Der Mensch aber als Mensch ist heute weitgehend aus der kirchlichen Führung verdrängt. Es hat keinen Wert, hier lange die Symptome der «Verbürokratisierung» der Kirche aufzuzählen. Wir alle leiden ja darunter. Dann aber zweitens:

Beispiele der überwundenen Minderung

Hier möchte ich auf einen extremen Fall der Minderung hinweisen, der erst in der Minderung seine Fülle erlangt hat: P. Alfred Delp S.J., der am 2. Februar 1945 hingerichtet wurde. In seinem letzten Brief wendet er sich an seine Mitbrüder. Es ist der Brief eines Menschen, der in der Gesellschaft Jesu keine sogenannte «Größe» war, den man von vielen Seiten her kritisiert hatte und der seine letzten Gelübde erst im Gefängnis ablegen durfte. Gerade im Gefängnis wuchs Alfred Delp aber zur wirklichen Größe heran. Sein letzter Brief lautet:

«Liebe Mitbrüder! Nun muß ich doch den andern Weg gehen. Das Todesurteil ist beantragt, die Atmosphäre ist so voll Haß und Feindseligkeit, daß heute mit seiner Verkündigung und Vollstreckung zu rechen ist. Ich danke der Gesellschaft Jesu und den Mitbrüdern für alle Güte und Treue und Hilfe, auch und gerade in diesen schweren Wochen. Ich bitte um Verzeihung für vieles, was falsch und unrecht war, und ich bitte um etwas Hilfe und Sorge für meine alten, kranken Eltern. Der eigentliche Grund der Verurteilung ist der, daß ich Jesuit geblieben bin. Die Atmosphäre ist voll Haß und

Feindseligkeit. Grundthese: Ein Jesuit ist a priori der Feind und Widersacher des Reiches. Auch Moltke wurde sehr häßlich behandelt, weil er uns kannte. So ist das Ganze von der einen Seite eine Komödie gewesen, auf der anderen Seite doch ein Thema geworden. Das war kein Gericht, sondern eine Funktion des Vernichtungswillens. Behüte Sie alle der Herrgott. Ich bitte um Ihr Gebet. Und ich werde mir Mühe geben, von drüben auch das nachzuholen, was ich hier schuldig geblieben bin. Gegen Mittag werde ich noch zelebrieren und dann in Gottes Namen den Weg meiner Fügung und Führung gehen. Ihnen Gottes Segen und Schutz. Ihr dankbarer, Alfred Delp S.J.»

Zu diesen Worten «im Angesicht des Todes» möchte ich noch ein einfaches Dokument von Dietrich Bonhoeffer hinzufügen, der wegen des Komplotts vom 20. Juli hingerichtet wurde. Bonhoeffer erhoffte zwar ein «baldiges Wiedersehen», dennoch ist sein Brief, an einen «lieben Menschen» gerichtet, bereits vom nahenden Tod gekennzeichnet.

«Bitte mache Dir keine Sorgen und Gedanken um mich; aber vergiß die Fürbitte bitte nicht, wie Du es auch gewiß nicht tust. Gottes Hand und Führung ist mir so gewiß, daß ich hoffe, immer in dieser Gewißheit bewahrt zu bleiben. Du darfst nie daran zweifeln, daß ich dankbar und froh den Weg gehe, den ich geführt werde. Mein vergangenes Leben ist übervoll von Gottes Güte, und über der Schuld steht die vergebende Liebe des Gekreuzigten. Am dankbarsten bin ich für die Menschen, denen ich begegnet bin, und ich wünsche nur, daß sie sich nie über mich betrüben müssen, sondern daß auch sie immer nur dankbar der Güte und der Vergebung Gottes gewiß sind. Verzeih, daß ich das einmal schreibe. Laß Dich bitte dadurch keinen Augenblick betrüben oder beunruhigen, sondern wirklich nur froh machen. Ich wollte es aber gern einmal gesagt haben, und ich wüßte nicht, wem ich es zumuten könnte, so daß er es wirklich nur mit Freude hört. Nun wünsche ich Dir von Herzen weiter recht viel äußere und innere Ruhe. Gott behüte Dich und uns alle und schenke uns ein baldiges frohes Wiedersehen. In Dankbarkeit und Treue und täglicher Fürbitte an Dich, Dein D.»

Man könnte mir vielleicht vorwerfen, daß ich Äußerungen von Menschen zitiert habe, die in einer außergewöhnlichen Situation zur Lebensminderung gelangten. Dies trifft sicherlich zu. Es ist jedoch gut – so meine ich – an solchen exemplarischen Menschen jenes zu verdeutlichen, was mit uns allen in dieser Krise der Minderung geschieht. Darum will ich hier auch von «gewöhnlichen» Menschen sprechen, von jenen, die das Ende des Lebens nicht in so dramatischer Weise, sondern eher in einfacher Art erlebt haben. Deshalb äußere ich mich (drittens) zu der

Berufswende

Gewöhnlich steht der Mensch in diesem Lebensalter an einem Punkt, an dem man ihn beruflich zurückstellt. Junge Menschen folgen ihm nach. Der alternde Mensch fühlt sich zwar noch seiner Arbeit gewachsen, vielleicht sogar noch mehr als früher. Dennoch muß er zugeben, daß seine Kräfte langsam nachlassen. Zwar nicht so sehr die Kräfte des Gestaltens und des Ordnens, aber immer mehr die Kräfte der Bewältigung. Das Merkmal dieses Abwärtsgleitens ist wohl die Mühsal des alltäglichen Lebens. Was darin zum Ausdruck kommt, ist dies: Es ist ein beständiger Kampf gegen die Zähigkeit des Lebens. Die Ereignisse wiederholen sich. Die Arbeit und die Verantwortung häufen sich.

Eine dauernde Überanstrengung wird fühlbar. Es entsteht das Gefühl des Überdrusses. Der Blick des alternden Menschen sieht überall «hinter die Kulissen». Eine Illusion um die andere fällt. Ein gewisser Fatalismus kommt auf.

So entsteht das Gefühl der Vergänglichkeit. Menschen, die für eine Zeit unentbehrlich schienen, sterben. Eltern, Lehrer, ehemalige Vorgesetzte zuerst. Andere folgen ihnen nach. Die Wirklichkeit «lockert» sich. Der Mensch bekommt den Eindruck, eine Generation sei zu Ende gegangen. Selbst das eigene Leben bröckelt ab. Der alternde Mensch hat das Ende vieler Haltungen und Anschauungen erlebt. Die Maßstäbe des Wertens, die Begriffe, mit denen man aufgewachsen ist, haben ihre Gültigkeit weitgehend verloren. Man erkennt auch, daß die Entscheidungen des Lebens immer vieldeutig sind.

Das gleiche Gefühl kann sowohl zum Schlimmen als auch zum Guten ausschlagen. Der gleiche Wert kann Zerstörung und Fruchtbarkeit bewirken. Dieses Erleben mag zur Gleichgültigkeit führen oder zur Rücksichtslosigkeit, manchmal sogar zur Grausamkeit. Sicherlich wollen meine Leser nicht, daß ich ihnen hier konkrete Ratschläge erteile.

Was mir wesentlich erscheint, ist eine Erhellung des Daseinszustandes vom Glauben her. Deshalb versuche ich, einige Anregungen zur Bewältigung dieser Phase der Minderung zu geben.

Vorab eine allgemeine Bemerkung: Zunächst möchte ich die Situation der persönlichen Krise mit unserer Gegenwart in Beziehung bringen. Auch in unserer geschichtlichen Zeit geschieht ein Vorgang der Minderung. Die nackte Wirklichkeit bricht durch. Heute kann man die Ereignisse der menschlichen Welt weitgehend nicht mehr fixieren und beruhigen durch den Hinblick auf eine transzendente Wirklichkeit. Josef Rast versuchte in seinem Buch «Der Widerspruch» diese Wandlung folgendermaßen zu beschreiben:

«Wir leben inmitten einer globalen Auseinandersetzung. Jahrtausendealte, geschlossene Kulturräume stehen jetzt einander offen gegenüber, sie infiltrieren und verwandeln sich. Ehedem geheiligte Ordnungen des Lebens und unantastbare Schichtungen sozialer Stufenbauten zerfallen. Eine bisher aus der Natur gewachsene Welt wird mit einer von Menschen gemachten und gesteuerten Welt vertauscht. Wir sehen, wie Vergangenes sich aufbraucht und Künftiges in unzähligen Versuchen, Formen und Gebilden sich ankündigt. Das heißt, wir erleben das Experiment des Kulturüberganges, wo alte, bedeutende Werte noch vorhanden sind, während gleichzeitig kommende, noch unerprobte Gebilde machtvoll aufstreben. So steht unsere Generation auf der Schwelle der Zeiten. Sie blickt zurück auf einen vollendeten, wenn auch nicht vollkommenen Äon und vorwärts auf noch unvorstellbare, auf uns aber schon einwirkende Lebensräume.»

In einer solchen Geschichtssituation ist die Krise der Minderung schwieriger zu bewältigen. Man blickt zurück auf das «Geleistete», sieht aber zugleich, wie all das zerbröckelt. Es wird in Frage gestellt durch neu aufstrebende Kräfte, die zwar gut sein mögen, die aber noch nicht «ausprobiert» sind, die sich noch nicht «bewährt» haben. Man hat Angst, ihnen die Führung des Lebens zu geben. Woher sollte der alternde Mensch die Zuversicht nehmen? Auf diese Frage möchte ich eine schlichte, vielleicht für manche sogar einfältige Antwort geben, die sich aber bei näherem Betrachten als die tiefgründigste erweist: Aus der christlichen Einstellung zur Welt. Diese Antwort setzt sich aus zwei Polaritäten zusammen, die scheinbar einander widersprechen, dennoch aber zusammen die richtige Lösung ergeben. Zuerst:

Die Allgemeinheit der Erlösung

Die Menschwerdung Gottes betrifft das ganze menschliche Wesen. Sie hat auch kosmische Dimensionen. Das ganze Leben der Menschen und das ganze Sein der Welt sind von ihr betroffen. Im auferstandenen Christus gewinnt jedes Geschöpf seine endgültige Gestalt. Je mehr die heutige Naturwissenschaft deutlich macht, wie eng der Mensch mit der Welt verbunden ist, desto klarer wird uns, daß die Menschwerdung sich nicht nur auf den Menschen beschränken konnte, sondern das ganze Weltall mitumgreifen mußte. Der Schöpfer hat den Logos seinem Werk als Sinnmitte eingegründet und hat es dadurch der Menschwerdung entgegengeführt. Der menschgewordene Logos faßt nun alles, was im Ereignis des geschichtlichen Werdens steht, in sich zusammen. Er trägt es somit durch die Heilsgeschichte hindurch der Vollendung entgegen. Seit der Menschwerdung Christi ist die ganze Menschheit und mit ihr die ganze Welt Christus einverleibt. Alles christliche Tun muß, wenn es christlich «fromm» genannt werden soll, in diesem Geiste vollzogen werden. – Dennoch muß ich, um dem Christlichen auch Gerechtigkeit widerfahren zu lassen, den Gegensatz betonen:

Das Einmalige der christlichen Tat

Der Maßstab der christlichen Lebensbewältigung ist der «Nächste». Im Christlichen kann man nicht die Norm aufstellen: Ziehe immer das Höhere vor. Sondern: Liebe deinen Nächsten! Wer aber der «Nächste» ist, das sagt uns keine Ordnung. Der Nächste ist derjenige, dem niemand hilft, wenn ich nicht helfe. Derjenige ist mein Nächster, der gerade mich und niemanden sonst hat. Es kann zum Beispiel für einen Christen eine Aufgabe sein, seine Anlagen zu opfern um eines Auftrages willen, vor den ihn Gott stellt. Dieser Auftrag ist immer ein geschichtlicher Ruf. Wenn er verfehlt wird, wiederholt er sich nicht mehr. Aber die Ordnung der Dinge sagt uns noch nicht, wer der «Nächste» ist. Einmal ist es ein einzelner Mensch, dessen Rettung jeder anderen Aufgabe vorgehen kann. Ein anderes Mal kann gerade jenes das Nächste sein, was vielen das Fernste ist, der Staat. Das Entscheidende dabei ist nur, ob dieses Notwendige auf «mich» angewiesen ist. Diese einmalige Zeit der Erkenntnis des Notwendigen nennt die Bibel «Kairos», die gnadenhafte geschichtliche Situation. Die kann aber niemand an Stelle des Beanspruchten entdecken, nur er selbst. Hier ereignet sich christliche Freiheit im höchsten Sinne.

In dieser zweifach-einen Grundhaltung sehe ich die Möglichkeit, die Krise der Minderung zu bewältigen. Eine christliche Gelassenheit mag dabei die Seele ergreifen. Zwar möchte ich nicht behaupten, daß durch diese Haltung eine allumfassende Sicherheit erlangt wird. Martin Buber sagte über diese Bewandtnis folgendes: «Dieses ist das Reich Gottes: Das Reich der Gefahr und des Wagnisses, des ewigen Beginnens und des ewigen Werdens, des aufgetanen Geistes und der tiefen Verwirklichung, das Reich der heiligen Unsicherheit.» Schließlich möchte ich im vierten Ansatz noch etwas bemerken, das für viele vielleicht nur am Rande zu unserem Thema gehört, das aber dennoch Wesentliches zu diesem Lebensalter auszusagen vermag:

Wir alle wissen, welche bedeutende Rolle die Sexualität in unserem Leben spielt. Ich möchte sogar als Christ behaupten: Welche heilige Rolle. Gott hat uns erschaffen als Mann und Frau, und zwar so, daß der Mann die Frau und die Frau den Mann begehrt. Nun, was geschieht, wenn ein Mensch, sei er Mann oder Frau, auf einmal nicht mehr das Verlangen nach dem anderen Menschen spürt? Auch hier gilt es, all das mit Gelassenheit entgegenzunehmen, es als Auswirkung der Minderung zu erfahren. Darüber möchte ich nicht mehr sagen, weil es das heilige Schicksal eines jeden Menschen ist, das nicht zerredet werden soll.

Diese Vorgänge der Minderung treiben den Menschen einem Zustand entgegen, in dem sein ganzes Dasein eine restlose Minderung erfahren wird, dem Tod. Zunächst will ich vor einem Mißverständnis warnen: Gewöhnlich fassen wir die menschliche Existenz auf, als ob in ihr der Leib vergänglich wäre und die Geistseele unvergänglich. Dies ist zwar wahr, aber nicht genau ausgedrückt. Im Tode gehen wirklich beide Prinzipien des Menschen, sowohl der Leib als auch die Seele wirklich unter. Es gibt nur einen einzigen Menschen, der (auch nach dem Tod) sowohl aus Leib als auch aus Seele besteht. Ich schlage hier die folgende Hypothese vor: Die Auferstehung ereignet sich bereits im Tod, als Auferstehung des ganzen Menschen. Somit wären beide Aussagen richtig: Der Mensch ist sterblich, ganz; und: Der Mensch ist unsterblich, ganz. Unsterblichkeit und Auferstehung wären in dieser Hypothese eine und dieselbe Wirklichkeit. Die von vielen Theologen vorgetragene Meinung, wonach die Seele zwischen Tod und Auferstehung am Ende der Zeit ohne Leib existiere und Gott die Seele durch einen besonderen Eingriff von einer Leibbeseelung fernhalte, scheint mir ein bizarrer, logisch unbefriedigender, ja sogar grotesker Gedanke zu sein. Ich würde sogar sagen: Im Unsterblichkeitsglauben liegt ein versteckter Atheismus, der sich anmaßt, im menschlichen Dasein etwas zu finden, das nicht einmal Gott selbst vernichten könnte. Das Gegenteil ist einleuchtend. Wir sind Gott ausgeliefert mit Leib und Seele. Daß uns Gott auferweckt, mit Leib und Seele, darauf können wir hoffen in einer Hoffnung, die bereits die Vorwegnahme der Wirklichkeit ist. Es aber ehrlich zuzugeben, daß wir Menschen ganzheitlich sterblich sind und dabei dennoch auf unsere Auferstehung hoffen, das ist wohl die größte Tat christlichen Glaubens.

Somit, glaube ich, darf der Mensch in dieser Lebensphase der Minderung eine Wirklichkeit erfahren, die einfach Vernichtung heißt. Gerade darin öffnen sich vor ihm neue Perspektiven des Glaubens: Er darf nicht zugeben, daß diese Vernichtung endgültig sein kann. Aber die Vernichtung muß er erfahren, damit er begreift, wie klein, wie nichtig unser Leben vor Gott ist. Dies in Demut auf sich zu nehmen ist nicht Feigheit. Es ist das klare Bewußtsein von der Nichtigkeit des Menschen und von der Größe Gottes, einer Größe, die auch aus dem Nichts neues Leben hervorgehen lassen kann.

VOLLENDUNG

Diesen Abschnitt möchte ich als eine Meditation der Hymne des Heiligen Ambrosius von Mailand gestalten, die der Priester im Brevier zur sogenannten «Non» betet. Überhaupt verdienen diese Hymnen mehr Beachtung, als ihnen üblicherweise geschenkt wird.

«Rerum, Deus, tenax vigor, / Immotus in te permanens, / Lucis diurnae tempora / Successibus determinans.

Largire Lumen vespere, / Quo vita nusquam decidat, / Sed praemium mortis sacrae / Perennis instet gloria.

Praesta, Pater piissime, / Patrique compar Unice, / Cum Spiritu Paraclito / Regnans per omne saeculum. Amen.»

Das Latein dieser Hymne erweist sich als zu spröde, um Gedanken auszudrücken, die tiefer sind als die Ausdrucksmöglichkeit der Sprache. Der Gedanke des Verfassers scheint oft im Dunkel zu liegen. Eine einigermaßen genaue Übersetzung könnte folgendermaßen lauten: «Gott, der Dinge stete Kraft, unbewegt in Deiner Wesenheit, bestimmst Du dem Tageslicht seine zeitliche Abfolge. Gewähre dem Abend jenes Licht, wodurch das Leben nicht zerfällt, sondern als Lohn eines heiligen Todes, die ewige Seligkeit bleibt. Dies schenke, mildester Vater, mit Deinem wesensgleichen Sohn, zusammen mit dem Tröstergeist, herrschend in alle Ewigkeit. Amen.»

Ich möchte nun mit den Lesern die einzelnen Verse durchdenken, wobei ich lediglich einen Kommentar hinzufügen möchte. *«Gott, der Dinge stete Kraft»*: Beim Abnehmen der eigenen Kräfte bemerkt der alternde Mensch, daß hinter den Dingen und dem eigenen Leben eine andere Kraft lebendig ist. Nun wagt er sie zu benennen: Gott. Sicherlich ist es schwierig, dies völlig zu verstehen. Was ist dieser «Gott», der am Ende des Lebens erahnt wird? Durch die gewagte Ausdrucksweise des Kirchenvaters Ambrosius wird der Sinn des Ausdrucks uns nahegebracht: So wie der Saft dem Baum Leben verleiht, gibt Gott allen Dingen Existenz. Gott macht die Wirklichkeit «wirklich». Er schafft die Dinge ständig. Wäre er nicht mehr da – freilich eine unmögliche Annahme – so schwände die Schöpfung nicht nur allmählich dahin, wie es die Kreise nach einem Steinwurf im Wasser tun, sondern sie wäre augenblicklich nicht mehr da. Dies richtig zu begreifen, dazu braucht man die Weisheit des Alters. Mit dieser Einsicht geht aber eine der größten Krisen des Lebens einher. Wenn Gott die Kraft der Dinge ist, und wenn meine Kraft mich nun verläßt, dann hat irgendwie Gott selbst mich verlassen. Freilich, bevor sich diese letzte Frage stellt, kommen andere Fragen, die zwar vordergründiger sind, dennoch aber das alternde Leben bedrücken. Zwei von ihnen möchte ich hier erwähnen:

Wir empfinden die *innere Vergeblichkeit*. Die eigentliche Not kommt dem alternden Menschen nicht aus dem, was ihm geschieht, sondern aus dem, was er ist. Die eigene Unzulänglichkeit beginnt immer deutlicher zu werden. Die Erinnerung an gefaßte und nicht vollbrachte Entschlüsse setzt sich fest. Das Häßliche des eigenen Daseins dringt ins Bewußtsein. Die Tatsache, daß man dieser Mensch ist, nur dieser und nie ein anderer werden kann, richtet sich unweigerlich auf. Das Gefühl, in sich selbst eingeschlossen zu sein, verläßt den alternden Menschen nicht mehr. Hinter aller

Energie des Auftretens, in allen Zerstreuungen des Tages melden sich Angst und Überdruß. Dies ist das Erlebnis der Vergeblichkeit: Daß Tag um Tag verrinnt; daß immer wieder Sonnabend da ist; daß der Frühling abblüht, noch bevor man sich seiner recht innewerden konnte; daß die frohen Stunden schon am Anfang nach dem schmecken, was auf sie folgt; daß die Gesichter um einen her altern und die eigene Zeit abstirbt.

So entsteht das *Gefühl der Vergänglichkeit*. Wer hat nicht schon daran gedacht, daß das klare Ende besser als das beständige Zuendegehen sei, daß das «Schlußmachen» schöner sei als das innere Vergehen, das ständige Wegrinnen des Seins? Was hält den alternden Menschen zurück, nicht danach zu handeln und einfach Schluß zu machen? Wenn diese Erfahrung einmal Macht gewonnen hat, dann kommt kein Ideal dagegen an und auch kein Sittengesetz. Nur die Treue zu einem «Letzten» besteht noch. Vielleicht nennen die einen dieses Letzte «Ehre», die nicht erlaubt, den Posten zu verlassen. Andere nennen es «Anstand», der weiß, das «gehört sich nicht». Es sind wohl dünne Fäden, karge Kräfte, die man nicht allzu genau prüfen darf. Dennoch sind es immerhin Kräfte dessen, wodurch das Sein sich eben im Sein behauptet, nämlich der Geduld. Diese Kräfte sind aber stärker als alles, was lastet und zerstört. Denn sie sind das menschliche Abbild einer unendlichen Macht, der Geduld Gottes. Romano Guardini sagte einmal von dieser Kraft: «Das ist das Letzte und Innerste: Das Einvernehmen des Geschöpfes mit dem Schöpfer in der Geduld mit dem endlichen Dasein. Geheimnisvolles Bündnis! Karge, harte Kraft, auf der doch alles ruht! Nichts Reiches, Blühendes, Schaffendes, Kühnes, das nicht von ihr getragen würde.»

Gott hat ein Leben für sich. Dies wird ausgedrückt im zweiten Vers: *«Unbewegt in Deiner Wesenheit.»* Gott ist «unbewegt». Darin steckt seine Kraft. Nun möchte ich den genannten Einwand aufgreifen: Wenn mich meine Kraft verläßt, ist Gott mir selbst nicht fern? Wir dürfen dieses Gefühl der Verlassenheit nicht allzu leicht nehmen. Dennoch könnte ich vielleicht auch dazu etwas Tröstliches sagen. Es gibt mehrere Arten von «Kraft». Die eine ist die Dynamik des Schaffens und der Bewältigung. Diese Kräfte nehmen beim alternden Menschen entschieden ab. Was ihm von all dem geblieben ist, bedeutet nicht mehr viel. Dennoch gibt es eine andere Art von Kraft: die der Weisheit, die oft einen höheren Wert bedeutet. Diese Kraft erlahmt nicht in ihm. Ganz im Gegenteil! Das Merkwürdige ist, daß sie ständig zunimmt. Der weise Mensch besitzt nicht ein «Mehr» an Erkenntnis, wohl aber ein «Mehr» des Geltenlassens. Einmal versuchte ich diese Einsicht folgendermaßen auszudrücken: «Es ist eine zärtliche Liebe zu dem, was umsonst getan wird, eine Zuneigung zum Verschwendeten. Mit einem leisen Lächeln betrachtet er, wie das Leben spielt und sich ergeht, wie es Umwege macht und verweilt, wie es sich am Blühen und Verschwenden freut, für das Überflüssige und scheinbar Törichte Raum hat, wie es in einem seltsamen Widerspruch zu dem steht, was Nützlichkeit und berechnende Ordnung heißt, und gerade darin sein Köstlichstes besteht. Ruhig und wissend wartet er ab: Er schaut zu, wie das Lebendige hängenbleibt und sich verknäult, zögernd, ungewiß und unentschlossen wird, bis es wieder frei wird und von sich aus die Richtung findet. Er erträgt das Unvollkommene, mäßigt sich vor dem Fehlerhaften, schont das Mißratene und umgibt es mit jener geheimnisvollen Sorge, die nicht nur Barmherzigkeit, sondern auch ein Gefühl verborgener Solidarität vor dem Schicksal ist.» Solche helle, geistig durchsichtige Kraft der Geduld und des Geltenlassens hat mehr Macht und ist der Kraft Gottes näher verwandt als die Macht der Lebensbewältigung und des Durchsetzens. Sie vermag vielen jungen Menschen neuen Mut zu verleihen zum Ausharren. Vielleicht wird sie im «Sturm und Drang» der Jugend nicht besonders hoch geschätzt. Doch, wenn es «darauf ankommt», wenn Schwierigkeiten sich melden, wenn man Kraft zum Durchhalten braucht, dann gehen wir oft und vornehmlich zu alten Menschen, um Rat zu holen. Wir erbitten von ihnen die Kraft und befragen ihre Weisheit: Wie hast Du Dein Leben bewältigt?

Eines ist bedeutend zu wissen: Gott hat uns die Abfolge der Zeiten geschenkt. «*Du bestimmst dem Tageslicht seine zeitliche Abfolge.*» Gottes Wille ist es, daß wir in der Abfolge der Zeit seine Bestimmungen erkennen. Daß wir auch sehen: Hinter dem bloßen «Zuendegehen» steht nicht das Nichts; dort liegt nicht jenes Dunkle, Leere und Grausige, aus welchem sich der alternde Mensch retten möchte. Hinter seinem Zuendegehen steht die Ewigkeit. Vor dieser Ewigkeit aber steht der Tod. Ereignet sich solche Einsicht, dann bringt sie in das Dasein eine Weite, Stille und Helligkeit besonderer Art. Solche Einsicht ist dann Weisheit. Und Weisheit bedeutet: Das Verstehen des Einzelnen aus dem Ganzen. Das gewinnt man erst, wenn man in das «Ganze» gelangt, am Ende. Es ist das Gefühl für das, was wichtig und unwichtig ist, der Sinn für das Maß, das Wissen, was sich letztlich lohnt. Vielleicht könnte man von einer neuen «Kindlichkeit» sprechen, die freilich mit dem Kindischen nichts gemeinsam hat. Diese zweite Kindlichkeit ist wahrscheinlich die Einstellung, daß im Grunde alles eins ist, daß alles gut werde. Noch mehr vielleicht: Die Einstellung des alternden Menschen zu den Ereignissen ist geprägt vom Humor. Ein wundersames Ding ist der Humor im religiös-christlichen Bereich. Der christliche Humor nimmt alles Menschliche, auch das Unzulängliche und Sonderbare hinein in die Unendlichkeit der Liebe Gottes. Er hofft auf eine Lösung, selbst dort, wo Verstand und Tatkraft keine mehr sehen. Er ahnt auch dort einen Sinn, wo Ernst und Eifer ihn längst aufgegeben haben.

Im nächsten Vers ist von einem Licht am Abend die Rede: *«Gewähre dem Abend jenes Licht, wodurch das Leben nicht zerfällt.»* Viel härter drückt die Osterliturgie der Kirche diese Begebenheit aus, die von einer «lichten Nacht» spricht. Bevor die Kirche die Auferstehungsbotschaft deutend und feiernd verkündet, geht es ihr bei der Liturgie der Ostergeheimnisse darum, ein Zeichen aufzurichten und die Nacht selig zu preisen. Dies geschieht, wenn der Diakon sein berühmt-bekanntes Lied «Exultet» singt. Ich möchte hier den mittleren, wichtigsten Teil anführen, weil er besser das Wesen dessen auszudrücken vermag, was ich sagen will – und – weil es mit einem theologischen Mut die Ereignisse deutet, den ich nur schwer aufbringen könnte.

«Dies ist die Nacht, in der Du einst unsere Väter, Israels Kinder, aus Ägypten geführt und trockenen Fußes durchs Rote Meer geleitet hast. Dies ist die Nacht, die das Dunkel der Sünde durch das Leuchten der Feuersäule verscheucht hat. Dies ist die Nacht, die heute auf der ganzen Erde alle, die an Christus glauben, den Lastern der Welt und dem Sündendunkel entreißt, der Gnade zurückgibt, den Heiligen einreiht. Dies ist die Nacht, in der Christus die Bande des Todes zerriß und siegreich vom Grabe auferstand. Nichts nützte uns die Geburt, hätte uns nicht die Erlösung geholfen. Wun-

derbare Herablassung Deiner Güte zu uns! Uner-
faßliche Huld Deiner Liebe: Den Knecht zu erlösen, gabst Du den Sohn dahin! Wirklich notwendige Adamssünde, preiswert auch du, weil dich zu
tilgen, Christus den Tod erlitt! Glückliche Schuld,
die einen Erlöser verdiente, so groß, so erhaben!
Wahrhaft selige Nacht, du allein durftest Zeit und
Stunde kennen, da Christus von den Toten er-
stand! Dies ist die Nacht, von der geschrieben
steht: Die Nacht wird lichthell wie der Tag und
die Nacht ist mir Leuchte in meiner Wonne. Diese
geheiligte Nacht also vertreibt die Laster, wäscht
die Sünden ab. Dem Gefallenen gibt sie die Unschuld wieder, den Trauernden die Freude. Sie
verscheucht den Haß, stiftet Eintracht, beugt die
Gewalten. Wahrhaft selige Nacht. Nacht, die den
Himmel mit der Erde, Gott mit dem Menschen
verband!»
Das Geheimnis der Auferstehung versichert uns,
daß im Tod das Leben errungen, in der Trauer die
Freude gefunden, im Abgrund ein neuer Anfang
gesetzt wurde. Deshalb darf ein Christ sich in seiner Schwäche rühmen.
Dies gilt vor allem von seinem «Dem-Tode-Ent-
gegengehen»: «*Sondern als Lohn eines heiligen To-*

des die ewige Seligkeit bleibt.» Damit der Leser nicht meint, ich spreche hier vor allem für alte Leute, möchte ich eine Überlegung von Aurelius Augustinus anführen (die sich übrigens genau mit der von Martin Heidegger deckt). Der Tod ist während unseres ganzen Lebens wirksam. Wir sind «Sein-im-Tode». Der Text von Augustinus ist der erstaunlichste, der je darüber geschrieben wurde. Er befindet sich im «Gottesstaat»:

«Vom ersten Augenblick an, da man sich im sterblichen Leibe befindet, geht im Menschen stetig etwas vor, was zum Tode führt. Die ganze Zeit des irdischen Lebens (wenn man dies überhaupt Leben nennen soll) arbeitet die Wandelbarkeit daran, daß man zum Tode kommt. Die ganze Lebenszeit ist also weiter nichts als ein Todeslauf, bei dem niemand auch nur ein wenig innehalten oder etwas langsamer gehen darf. Vielmehr werden alle im gleichen Schritt gedrängt und alle zur gleichen Eile angetrieben. Wenn man nun zu sterben, das heißt im Tode befindlich zu sein beginnt, vom Augenblick an, da in einem der Tod einsetzt, das heißt die Abnahme des Lebens, so befindet man sich fürwahr im Tode vom ersten Augenblick an, da man sich im Leibe befindet.»

Wir müssen uns auch vergegenwärtigen, daß bei zunehmendem Alter der Mensch immer mehr in den Griff des Todes gerät. Ein Zeichen dafür ist das «Klagen». Je älter der Mensch wird, um so mehr Gründe wird er zum Klagen haben. Der alte Mensch macht besonders die Jüngeren trübsinnig, wenn er sich in langen Tiraden über die Schlechtigkeit der Welt ergeht. Wie jede «Maschine» nützt sich auch das menschliche Dasein ab. Unser Erinnerungsvermögen wird schwächer, unsere Aufmerksamkeit ist keinen größeren Anspannungen mehr gewachsen. Das Übernatürliche unterliegt jedoch solchen Gesetzen nicht. Alles Geistige in uns wird den Verfall der natürlichen Kräfte überdauern. Ich darf sogar vermuten, daß ein Mensch im Alter noch klarer leuchtet. Dann kommt der Tod.

Wie der Leib, um seine eigenen biologischen Funktionen auszuüben, aus dem Mutterschoß heraustreten soll, so muß auch der Geist, um seine volle Eigenaktivität zu erreichen, den Leib verlassen. Dieses «Verlassen des Leibes» fasse ich durchaus in dem am Ende des Abschnitts über die «Minderung» (S. 118) dargelegten Sinne auf: Der Mensch als Ganzheit geht unter, mit Leib und

Seele. Für beides ist der Tod bereits Auferstehungsvorgang. Der Mensch kann in die Anschauung Gottes erst eingehen, wenn er seine Berufung voll bejaht. Der Tod hebt jenes Hindernis auf, das den Menschen bis dahin abgehalten hat, sich ganzheitlich mit der Welt zu vereinigen. Im Tode verlassen wir lediglich die passiv erhaltenen Eigenschaften unseres Wesens. Die im Tode aufblühende Person wird selber bestimmen, welche Tiefe sie selbst in ihrer Beziehung zum Weltgesamt verwirklichen will. Dies ist dann der Auferstehungsvorgang: Im Tode setzt der Mensch jene Weltnähe, die eine Vorbedingung der Auferstehung ist.

Mit dem Schluß des Gebetes macht uns Ambrosius von Mailand darauf aufmerksam, daß eine solche Einstellung zum Tod nicht ein naturhaftes Ereignis sein kann, sondern die Gnade der Heiligen Dreifaltigkeit: «*Dies schenke, mildester Vater, mit Deinem wesengleichen Sohn, zusammen mit dem Tröster-Geist, herrschend in alle Ewigkeit. Amen.*» Demnach kann solche Einstellung nur durch «Einübung», durch persönlichen Dialog, konkret gesprochen nur im «ausharrenden Gebet» erlangt werden. Deshalb ist es so wichtig, den heutigen Menschen oft und eindringlich vom Gebet zu sprechen.

Daß es für viele Menschen möglich ist, dem Tod gelassen und weise entgegenzugehen, bedeutet für mich, daß besonders in der Altersphase der Tod bereits wirksam ist. Man wird dem Tod entgegengetrieben. Man weiß, wie schrecklich das Sterben und die Agonie sein können. Trotzdem ist es dem Menschen möglich, all diese Ereignisse gelassen hinzunehmen, und zwar nicht in einer inneren Abstumpfung, sondern vielmehr in Geduld mit der Schöpfung, mit sich selbst und vielleicht auch – wenn ich das aussprechen darf – in Geduld mit Gott. Etwas Tröstendes leuchtet vom Tod ins Leben hinein. Etwas, wovon wir nur in größter Ehrfurcht sprechen dürfen. Es ist die Haltung der inneren Loslösung von allem, was das Leben uns geschenkt hat.

Fassen wir die bisherigen Betrachtungen zusammen. Ich habe versucht über wesentliche Ereignisse des menschlichen Daseins zu sprechen. Über Ausgesetztsein, Sehnsucht, Gottunmittelbarkeit, Verlorensein, heiteren Ernst, Abstandnehmen, Angst, Hingabe, Mut zur Demut, Verpflichtetsein, Vernichtung und Loslösung. Ich hoffe, wenigstens die wichtigsten Elemente jenes Ereignisses aufgezeigt zu haben, worin sich die Anwesenheit des Todes in unserem Leben ereignet. Es ist mir bewußt, daß noch viele Einzelheiten zu berücksichtigen wären. Doch wollte ich mit dieser Schrift nur einen Gedankenanstoß geben, damit der Leser selber sein Dasein analysiert und vielleicht noch viel mehr Anhaltspunkte zu entdecken vermag. Zum Schluß möchte ich alle Gedanken dieser Schrift zusammenfassen und ein einheitliches Bild von dem entwerfen, was ich unter «Tod im Leben» verstehe.

SCHLUSSWORT

Wenn ich nun die eigentliche Folgerung aus den vorangegangenen Überlegungen ziehe, muß ich zwei Punkte besonders betonen:

Die Anwesenheit des Todes im Leben

In dieser Schrift wurde folgendes herausgestellt: Durch das menschliche Leben (in seinem ehrlichen Nachvollzug vom Entstehen des Lebens bis zum Tode) zieht sich eine Linie, die etwas Absolutes an den Menschen heranträgt. Dieses «Herantreten» (das zwar jeweils anders erlebt und nachvollzogen wird) versuchten wir als Anwesenheit des Todes im menschlichen Leben zu begreifen. Durch die einzelnen Krisen des Lebens wird der Mensch mit einer endgültigen Entscheidung konfrontiert, worin sich bereits die endgültige Entscheidung im Tode verdichtet. In diesem Sinn läßt sich sagen: Alle Menschen sind dazu berufen, durch ihr individuelles Dasein hineinzugehen in das endlose Glück.

Dieses heißt für die Christen «Himmel», er ist der eigentliche Beginn, der Anfang aller Dinge. Der ganze, in dieser Schrift vorgelegte Gedankengang, wurde als «Hypothese» bezeichnet, weil in ihm Gesichertes und Vermutetes ineinandergeflochten waren. Der Leser möge prüfen, was er aus all dem annehmen kann und welchen Gedanken er mit Vorbehalt begegnen muß. Krisen des Lebens als jeweilige Begegnungen mit dem Tod. Diese Betrachtungsweise ist fruchtbar, weil sie unsere christliche Existenz begreiflich macht, ja umzuändern vermag. Die ganze Untersuchung ist das Ergebnis eines ehrlichen, manchmal auch harten Nachdenkens. Vielleicht waren einzelne Teile des Buches gelegentlich schwierig nachzuvollziehen. Dennoch hat sich die Mühe gelohnt, denn wir haben wesentliche Einsicht in das menschliche Dasein und seine letzten Dimensionen gewonnen.

Der große Gott

Der Leser hat zweifellos bemerkt, daß in dieser Schrift über einen Gott nachgedacht wurde, den wir nicht zu fassen vermögen. Über einen Gott, der uns ständig mit neuen Verheißungen entgegentritt. Diesen Gott (der übrigens «mein» Gott ist) versuche ich, das bisher Gesagte zusammenfassend, darzustellen. Wenn der Leser nur dieses Bild des «großen» Gottes in dem Buch finden und mitnehmen würde, wäre meine Bemühung reichlich belohnt.

Gott ist unendlich. Seine Fülle kann durch keine Kreatur ganz aufgenommen werden. Aurelius Augustinus sprach einmal den bedeutenden Gedanken aus: «Wir suchen Gott, um ihn zu finden, während unseres irdischen Lebens. Wir suchen Gott, nachdem wir ihn fanden, in der ewigen Seligkeit. Damit man ihn suche, um ihn zu finden, ist er verborgen. Damit man ihn suche, nachdem man ihn fand, ist er unermeßlich.» Der endgültig gefundene Gott ist für die Christen (und übrigens auch für alle ehrlich suchenden Menschen) nicht irgendein Gott. Die Menschen haben einen wirklich großen Gott. Er wird – von sich aus – niemanden verdammen. Nur der Mensch ist fähig, sich selbst der Verdammung zu überantworten. Niemand wird also verdammt, der irgendeinmal und sei es nur im Tod, das «Ja» zu Christus ausgesprochen hat. Auch nicht die ungeborenen und ohne Taufe verstorbenen Kinder. Der Mensch ist kein Spielzeug eines kleinen und kleinlichen Gottes. Einen solchen Gott gibt es in Wirklichkeit nicht.

Daraus folgt: Vor diesem großen Gott erlangt niemand das ewige Heil, nur weil er fromme Eltern hatte; nur, weil er die Chance besaß, in einem Erdteil aufzuwachsen, wo man immerhin (gelegentlich) etwas von Christus hören kann. Wer anders denkt, der weiß nicht, was ewige Vergöttlichung heißt. Anderseits aber auch: Niemand wird verdammt, nur weil er plötzlich, durch einen Unfall etwa, in die Ewigkeit abberufen wurde; nur weil er Gott während seines irdischen Lebens nie richtig erkannt hatte; nur weil er in eine Familie hineingeboren wurde, in der er die Liebe nicht erfuhr und deshalb auch nicht verstehen konnte, was das Wesen Gottes ist; nur weil er sich gegen einen Gott, in dem er nur einen Gesetzesgott sah, gewandt hat und so gegen alles in Auflehnung geriet, selbst gegen Gott. Wer anders denkt, der weiß nicht, was ewige Selbstverdammung ist.

Es waren zwei einfache Gedanken, die ich als Zusammenfassung formuliert habe. Gedanken vielleicht, die vielen geläufig und ohne weiteres einsichtig sind. Ich habe sie dennoch ausgesprochen, weil sie bei vielen Menschen noch nicht jenen Grad der Evidenz erlangt haben, der zu einem ehrlichen Leben notwendig ist. Unser Gott ist nicht kleinlich. Er ist niemals hart. Wer ihn verniedlicht, der hat von seinem Wesen, das ja «Liebe» heißt, nichts verstanden. Wer sich seiner Größe anvertraut, auf seine Zeichen achtet und seinem Ruf folgt, der wächst aus der Vergänglichkeit hinaus, Ihm entgegen.